职业教育城市轨道交通专业精品教材

Chengshi Guidao Jiaotong Cheliang Dianqi Jianxiu
# 城市轨道交通车辆电气检修

徐春良　朱俊达　主　编
庞建昭　吕小帅　孙伟峰　副主编
　　　　　郝风伦　主　审

人民交通出版社股份有限公司
北京

## 内 容 提 要

本书为职业教育城市轨道交通专业精品教材。全书共包括5个项目，主要包括城市轨道交通车辆检修制度、电客车高压集电设备检修、城市轨道交通车辆牵引系统设备检修、城市轨道交通车辆辅助供电系统电气设备检修、城市轨道交通车辆其他电气设备检修。

本书可供城市轨道交通相关专业教学使用，也可供从事城市轨道交通相关工作的从业人员和培训人员参考学习。

### 图书在版编目(CIP)数据

城市轨道交通车辆电气检修/徐春良,朱俊达主编
.—北京:人民交通出版社股份有限公司,2023.6
ISBN 978-7-114-18749-0

Ⅰ.①城… Ⅱ.①徐… ②朱… Ⅲ.①城市铁路—铁路车辆—电气设备—维修 Ⅳ.①U239.5

中国国家版本馆 CIP 数据核字(2023)第 070548 号

| | |
|---|---|
| 书　　名： | 城市轨道交通车辆电气检修 |
| 著 作 者： | 徐春良　朱俊达 |
| 责任编辑： | 李　良 |
| 责任校对： | 赵媛媛 |
| 责任印制： | 张　凯 |
| 出版发行： | 人民交通出版社股份有限公司 |
| 地　　址： | (100011)北京市朝阳区安定门外外馆斜街3号 |
| 网　　址： | http://www.ccpcl.com.cn |
| 销售电话： | (010)59757973 |
| 总 经 销： | 人民交通出版社股份有限公司发行部 |
| 经　　销： | 各地新华书店 |
| 印　　刷： | 北京市密东印刷有限公司 |
| 开　　本： | 787×1092　1/16 |
| 印　　张： | 18.25 |
| 字　　数： | 311 千 |
| 版　　次： | 2023年6月　第1版 |
| 印　　次： | 2023年6月　第1次印刷 |
| 书　　号： | ISBN 978-7-114-18749-0 |
| 定　　价： | 53.00元 |

(有印刷、装订质量问题的图书,由本公司负责调换)

# 前言
## PREFACE

随着我国城镇化规模不断扩大,人员流动与机动车数量快速增加,现有城市交通基础设施面临着巨大的挑战。城市轨道交通对改善现代城市交通拥堵局面、调整和优化城市区域布局、促进国民经济发展发挥的作用,已是不容置疑的客观现实。在城市化进程加快、新一线城市经济崛起的背景下,我国城市轨道交通迎来快速发展,城市轨道交通运营规模不断扩大,城市轨道交通运营人才紧缺问题亟待解决。

本套城市轨道专业教材自2010年出版以来,在教学、科研和培训工作中发挥了很大的作用,深受使用院校师生的好评。为体现城市轨道交通发展中新技术、新材料、新设备、新工艺和新标准的应用,更好地适应职业教育"校企合作,工学结合"的人才培养模式,满足实际教学需求,人民交通出版社股份有限公司根据使用院校师生反馈的意见和建议,组织相关专业教师、企业技术人员,对本套教材进行了全面修订。

本书是根据教育部发布的教学标准,新增加的一本专业课教材。本书依据轨道交通检修专业岗位需求、学生的认知规律,融合教师的教学积累,结合检修工作对职业技能的要求,构建了相应的理论知识体系与实践任务模块。

为了使学生掌握城市轨道交通检修专业岗位相关工作任务和技能,培养学生实际动手能力,从而使学生能够适应相关岗位的工作要求,本书的编写遵循了以下原则:

(1)以工作任务为中心来组织内容,依据来自企业现场的实际调查与分析而编写。

(2)注重实用性、操作性、实践性,紧密结合城市轨道交通车站各岗位的实际工作内容。

(3)围绕满足岗位需要的基本实践技能来优化教学内容,设置实用性强的实训任务贯穿教材始终,着力提高学生的学习兴趣和积极性。

(4)以培养学生职业素养为主线,提高学生分析问题和解决问题的能力。

本书可作为职业院校城市轨道交通运输与管理专业的教学用书,也可作为从事城市轨道交通运输与管理专业相关岗位人员的参考资料和培训用书。

本书由山东交通技师学院徐春良、朱俊达担任主编,山东交通技师学院庞建昭、吕小帅、孙伟峰担任副主编,山东交通技师学院郝风伦担任主审。除此之外,山东公路技师学院高咏岩、山东交通技师学院王伟、王舒婷、王兰峰也参与了本书的编写工作。其中,项目一由徐春良负责编写,项目二由朱俊达、王伟负责编写,项目三由庞建昭、王舒婷负责编写,项目四由吕小帅、王兰峰负责编写,项目五由孙伟峰、高咏岩负责编写。

在本书编写过程中,编者参考了有关文献,并引用了其中一些资料,在此一并向这些文献的作者表示衷心的感谢。

由于编者水平有限,书中难免存在不足之处,恳请广大读者批评指正,以便不断改进。

编 者
2023 年 3 月

# 目录 CONTENTS

**项目一 城市轨道交通车辆检修制度** ............................................ 1
    任务一  城市轨道交通车辆的检修方式 ............................................ 1
    任务二  城市轨道交通车辆的检修制度 ............................................ 7

**项目二 电客车高压集电设备检修** ............................................ 15
    任务一  受电弓检修 ............................................ 15
    任务二  集电靴检修 ............................................ 34
    任务三  避雷器检修 ............................................ 49

**项目三 城市轨道交通车辆牵引系统设备检修** ............................................ 67
    任务一  司机控制器检修 ............................................ 67
    任务二  牵引逆变器设备检修 ............................................ 84
    任务三  制动电阻箱检修 ............................................ 102
    任务四  牵引电动机检修 ............................................ 116
    任务五  高速断路器检修 ............................................ 137

**项目四 城市轨道交通车辆辅助供电系统电气设备检修** ............................................ 162
    任务一  辅助逆变器的检修 ............................................ 162
    任务二  蓄电池的结构认知与检修 ............................................ 183
    任务三  列车照明系统检修 ............................................ 202
    任务四  空调机组检修 ............................................ 215

**项目五 城市轨道交通车辆其他电气设备检修** ............................................ 239
    任务一  司机室驾驶台设备检修 ............................................ 239
    任务二  中低压设备柜和底架电气箱检修 ............................................ 253
    任务三  客室侧门检修 ............................................ 269

**参考文献** ............................................ 286

# 项目一　城市轨道交通车辆检修制度

城市轨道交通车辆购置费及车辆段设施投资在城市轨道交通建设项目中占有较大的比例。在实际工程设计中,城市轨道交通车辆的检修制度用于计算确定配属车辆数、各修程的车辆年检修工作量等,以及确定车辆段的建设规模;在线路投入运营后,车辆检修制度用于车辆段编制年度车辆检修计划、材料备品订购计划、劳动力组织和设备使用计划等,是城市轨道交通运营企业生产经营管理的重要依据。因此,车辆检修体系是城市轨道交通建设和运营的重要技术数据和依据。本项目学习任务分为:任务一,城市轨道交通车辆的检修方式;任务二,城市轨道交通车辆的检修制度。

## 任务一　城市轨道交通车辆的检修方式

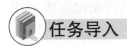

（1）了解城市轨道交通车辆检修、运用单位的工作范围。
（2）了解城市轨道交通车辆检修、运用工作和管理模式。
（3）熟知城市轨道交通车辆检修方式。

1. 知识目标
◆能知道城市轨道交通车辆检修部门的工作范围;
※能通过模拟训练掌握城市轨道交通车辆运用、检修工作的管理模式。
2. 技能目标
※能对城市轨道车辆各种不同检修方式进行比较和分析;
◆能对目前城市轨道交通车辆检修方式提出自己的意见与建议。
注:※学习难点;◆学习重点。

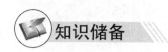 知识储备

通过借鉴国外先进经验,目前我国城市轨道交通车辆的检修模式,在车辆检修资源共享、综合利用、统一管理方面也得到迅速发展,其主要表现为:车辆设备及零部件检修采用互换修方式,车辆配件进行专业化集中修理。在实现车辆段多线共用的同时,合理分配车辆运用、车辆维护、车辆检修工作,从而提高了车辆检修的质量与效率,降低了检修成本。

## 一、城市轨道交通车辆检修部门管理工作要求

1. 城市轨道交通车辆检修部门的主要工作范围

(1)根据电客车的运用计划,制订相应的电客车检修计划。制订电客车检修计划时应考虑电客车的修程和车辆检修条件,在保证电客车运输需求和运行质量的前提下制订计划。电客车检修计划出台后,车辆检修部门应认真组织实施。车辆检修部门按车辆检修规程和检修工艺,将电客车修竣并经检验合格后与车辆运用部门进行电客车交接。

(2)在每日电客车运营结束后,车辆检修部门对回库电客车进行日常检查、维护。经检查、维护和修理恢复良好技术状态的电客车,检修部门交电客车运用部门调度,并作为次日运用电客车。

(3)运营电客车在途中发生故障时,若在电客车司机处理范围之内,并经司机处理恢复良好运用状态,可继续运行或维持运行,尽量避免救援;电客车司机若不能处理时,应尽快组织救援,以保证运营线路的畅通。

2. 城市轨道交通车辆检修部门的职责

(1)负责电客车的维护、维修、抢修工作。

(2)负责电客车维修设备的操作、维护和维修工作。

(3)负责组织落实检修基地所辖范围内的救援、抢修工作。

(4)负责检修基地、停车场的行车组织工作,以及与行车有关的生产作业组织工作。

3. 城市轨道交通车辆检修组织流程

(1)各项设备检修调研:调查运营服务部门对设备检修的要求,调查使用部门对设备的要求。

(2)设备检修实现过程策划:根据对设备检修的要求,对设备检修模式进行策划,形成检修计划。

(3)资源提供(人力、设施设备):为车辆检修提供必要的设施设备及人员。

(4)组织设备检修:按照检修计划进行检修。

(5)检修过程的监视与测量:对检修过程进行监视并进行记录。

(6)检修质量验收:对检修质量进行验收并进行记录。

(7)不合格检修控制:对不合格的检修作业进行分析,找到原因,及时进行处置。

(8)纠正、预防措施:根据分析结果提出纠正措施,督促改进并制定预防措施,同时修改有关设备检修模式、检修规程等。

## 二、城市轨道交通车辆检修管理模式

城市轨道交通车辆检修、运用工作的管理模式有两种:一种是车辆的检修和运用工作由车辆部门统一管理;另一种是车辆的检修工作由车辆部门进行管理,车辆的运用工作由客运部门管理。

1. 统一管理的特点

车辆的检修和运用工作由车辆部门统一管理。

(1)对电客车的运用和检修进行统一管理、集中安排,管理程序简化、管理效率较高。

(2)便于出台与车辆技术有关的电客车运用规章制度、司机操作规程及电客车故障操作办法等。

(3)电客车运行情况能及时反馈并妥善处理。

(4)能积极进行车辆运用与车辆检修后的调试工作。

(5)便于进行电客车司机岗位的各种适应性、资格性培训。

2. 分散管理的特点

车辆的检修由车辆部门管理,车辆运用以及线路服务性设备(如自动售检票、闸机等)由客运部门统一管理。

(1)可以实行统一管理、全面负责。便于协调运营时发生的特殊情况,处理突发事件的效率高。

(2)运用部门除保证车辆的正常运行外,还必须配合做好车辆检修所需调车工作,以及电客车检修后的各种机能调试工作。

(3)车辆段负责及时完成车辆检修任务,保证向运营线路提供良好运用状态的电客车。

(4)车辆段负责制订各种与车辆技术有关的电客车运行规章制度。

(5)车辆段协助开展电客车司机岗位的各种适应性、资格性培训工作。

## 三、城市轨道交通车辆检修模式

1. 车辆整修

车辆整修是在车辆充足、用车不紧张的情况下,采用扣车形式进行检修的一种模式。车辆整修流程根据检修修程由低到高制订,如车辆架大修高级修程检修流程一般为:电客车解编、车体与转向架分离、车体及部件维修、车辆部件组装、转向架与车体组装、单车称重、车辆连挂编组、车辆静态调试、车辆动态调试。

2. 车辆部件检修

运营初期或车辆配属量不高、车辆检修量较低时,检修车辆基本采用部件维修的方式,这种方式除少量待修和报废的零部件从备品库领取外,其他零部件均待修竣后再安装在车辆上,这种检修方式不需要储备过多的零部件备品。

3. 部件互换修

该方式是将车辆定期检修时从待修车辆上分解下来的设备及零部件或从临修车辆上拆卸下来的设备及零部件修竣后作为配件,即作为同型车辆设备及零部件的备品。这种方式目前应用比较广泛,其优点如下:

(1)可以大大缩短车辆的检修停运时间,提高车辆的使用率。

(2)合理组织生产,有效提高劳动生产率。

(3)能提高车辆的检修质量,增强车辆运行的可靠性。

(4)促进车辆设备及零部件检修的专业化。

(5)电客车运用投入率提高,减少城市轨道交通工程建设投资,降低运营成本。

车辆采用部件互换修方式检修时,若全部零部件采用互换修方式,则需要足够的零部件储备量,这有一定困难,因此,需要根据实际情况确定零部件互换检修的范围。目前,对车辆采用互换修检修方式施修的车辆主要零部件有:车钩缓冲装置、转向架、轮对、轴箱装置、空调及电器、电气设备等。

## 项目一　城市轨道交通车辆检修制度

### 📖 信息收集

我们的任务是：_____

_____

_____

### 📕 制订计划

根据学习任务要求制订学习计划，并描述学习的重点(表 1-1)。

学习计划　　　　　　　　　　　　　　　　　　　　　表 1-1

| 序号 | 学习主题 | 学习重点 |
|---|---|---|
| 1 | 车辆检修管理要求 | |
| 2 | 车辆检修管理模式 | |
| 3 | 车辆检修模式 | |

审核意见：

　　　　　　　　　　　　　　　　　确认签字：　　　　年　月　日

### 📓 任务实施

根据实施内容与要求展开任务实施，并填写实施情况(表 1-2)。

任务实施方案　　　　　　　　　　　　　　　　　　　表 1-2

| 序号 | 实施内容 | 实施要求 | 实施情况 |
|---|---|---|---|
| 1 | 参观车辆或利用视频资源巩固车辆构造知识 | 资源全面，能充分展示或介绍车辆结构，过程中需对部件作用进行介绍 | □是　□否 |
| 2 | 观看车辆检修视频或参观检修基地或情景模拟检修 | 资源全面，能贴合车辆检修实际，过程中需对车辆检修要点进行介绍 | □是　□否 |
| 3 | 利用上述资源穿插讲授检修管理要求 | 讲授中需列举城市轨道交通车辆实例，对标讲明检修管理部门的工作范围、职责及检修组织 | □是　□否 |

续上表

| 序号 | 实施内容 | 实施要求 | 实施情况 |
|---|---|---|---|
| 4 | 利用上述资源穿插讲授检修管理模式 | 讲授中需列举城市轨道交通车辆实例,对标讲明检修分散与统一管理的特点 | □是 □否 |
| 5 | 利用上述资源穿插讲授检修 | 讲授中需列举城市轨道交通车辆实例,对标讲明检修模式的特点 | □是 □否 |

## 检查控制

根据学习计划及实施情况,指导老师对任务学习情况进行检查和评价(表1-3)。

**任务学习情况检查评价表**　　　　　　表1-3

| 序号 | 检查内容 | 检查结果 |
|---|---|---|
| 1 | 熟悉城市轨道交通车辆检修部门的主要工作范围 | □是 □否 |
| 2 | 熟悉城市轨道交通车辆检修部门的职责 | □是 □否 |
| 3 | 熟悉城市轨道交通车辆检修组织流程 | □是 □否 |
| 4 | 掌握车辆检修统一管理及分散管理的特点 | □是 □否 |
| 5 | 掌握车辆检修的模式,能分析各模式的特点 | □是 □否 |

存在问题:

整改意见:

确认签字:　　　　年　　月　　日

## 评价反馈

根据学习任务、学习计划及实施情况,小组人员进行自我评价,指导老师对作业人员表现进行综合评价。

①作业人员评价：_____

_____

_____

②指导老师评价：_____

_____

_____

 **知识巩固**

(1)城市轨道交通车辆检修部门的主要工作范围是什么？
(2)城市轨道交通车辆检修部门的职责是什么？
(3)城市轨道交通车辆检修组织流程是什么？
(4)车辆检修分散管理的特点有哪些？
(5)部件互换修的优点有哪些？

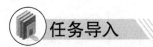

## 任务二　城市轨道交通车辆的检修制度

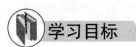

(1)熟知城市轨道交通车辆的检修制度。
(2)了解城市轨道交通车辆的基本检修工艺和过程。
(3)掌握城市轨道交通车辆的检修修程。

**学习目标**

1.知识目标
◆能分组叙述并讨论城市轨道交通车辆的检修制度；
※能分组叙述并讨论城市轨道交通车辆的检修制度未来发展。
2.技能目标
※能通过现场实习掌握城市轨道交通车辆检修工艺、生产过程及检修修程；
◆能通过调研了解国内外城市轨道交通车辆检修制度改革方向。
注：※学习难点；◆学习重点。

## 知识储备

城市轨道交通车辆是机电一体化的产品,其维修成本较高,约占整个城市轨道交通系统维修成本的40%。建立经济合理、切实可行的车辆检修制度,对确保车辆安全运行、降低运营成本和延长车辆寿命有着十分重要的意义。

城市轨道交通车辆的检修应以最小的设施规模与最少的检修人员发挥最大的检修效能,充分研究并采用先进的检修工艺,尽可能缩短车辆库停时间,有效提高车辆周转率,从而达到减少车辆配属数量、减小检修设施规模、降低运营和维修成本的目的。

### 一、城市轨道交通车辆检修制度

1. 车辆检修原则

城市轨道交通车辆检修按预防性维修的原则,从车辆的技术水平出发,综合考虑车辆各部件的维修周期、寿命周期,确定车辆检修规程,并针对车辆的各级修程制订车辆的检修技术管理规程及车辆部件的检修工艺文件。

2. 车辆检修制度

车辆检修制度是城市轨道交通车辆可靠运行基本且重要的保障,也是确定车辆检修体制,保证车辆检修工作顺利进行的基础。车辆检修制度对车辆运营里程(时间)、车辆检修规程、检修等级、车辆检修时间、修竣车辆、车辆的验收做出具体规定。当车辆运营里程(时间)达到规定范围,符合检修要求时,根据车辆检修规程,按照车辆部件检修工艺标准,对车辆及部件进行检查、维护或修理。这就是通常所讲的城市轨道交通车辆检修制度。

3. 车辆检修制度划分

城市轨道交通车辆检修制度一般分为预防性计划检修和状态修两种。由于城市轨道交通对车辆的安全性和可靠性要求非常高,考虑到目前我国车辆的总体运用检修水平,车辆检修采用按车辆运行周期进行计划检修的预防性检修制度。但在整体采用预防性计划检修的前提下,应对部分有条件的系统和部件(如电气和控制系统等)实行状态修。

(1)预防性计划检修。

预防性计划检修是指在尚未发生故障之前就对车辆进行检修,消除车辆零部件的缺陷和隐患,预防车辆故障的发生。这种修理制度的修理作业是定期的,修理范围一旦确定也是固定的;其修理所需设备和工艺装备也相对较固定,无须做大的变更或增减;全年的任务是可以计算出来的,可以提前准备检修所需的材料、零件、设备及人力。

(2)状态修。

状态修就是借助于先进的检测与技术诊断设备,在车辆或部件不解体的情况下,检查和测量各主要零部件的技术参数,从而掌握车辆的技术状态,并根据事先掌握的车辆实际状态,有计划地适时安排适度维修。状态修即在应该进行修理的时机修理,在应该进行修理的部位进行恰到好处的修理,从而快速、经济、有效地达到消除隐患与故障、确保车辆技术状态良好的目的。

## 二、城市轨道交通车辆检修周期

城市轨道交通车辆的检修周期是依据车辆各零部件设计的使用寿命和磨耗情况,再结合车辆的实际运营里程(时间)确定的。某轨道交通2号线车辆的检修周期见表1-4。

某轨道交通2号线车辆检修周期　　　　　　表1-4

| 检修级别 | 时间间隔 | 走行里程 | 检修停时 | 主要检修内容和要求 |
| --- | --- | --- | --- | --- |
| 日检 | 1日 | 400~500km | 40min | 系统功能检查,保证车辆运行安全 |
| 双周检 | 2周 | 6000~8000km | 1天 | 系统功能检查,易损件检查更换,保持车辆状态 |
| 月检 | 1月 | 1.2万~1.6万km | 1天 | 系统功能检查,主要部件状态检查测试 |
| 年检 | 1年 | 14万~18万km | 11天 | 大型部件细致检查、测试、修理、旋轮,保持车辆整体主要性能 |
| 架修 | 5~6年 | 70万~90万km | 23天 | 大型部件细致检查、测试、修理、换件、旋轮,保持车辆整体主要性能 |
| 大修 | 10~12年 | 140万~180万km | 35天 | 对车辆包括车体在内进行全面的分解、检查及整修,结合技术改造对部分系统进行全面的更换 |

### 三、城市轨道交通车辆检修工艺

检修工艺是保证车辆设备及零部件质量水平、提高检修效率的根本途径。检修工艺要根据检修技术管理规程要求,结合检修技术标准与要求,参照检修设备及检测设备技术特点,制订作业者的岗位标准,合理地安排生产工艺过程。检修工艺要尽量使生产工序保持连续性,生产时间紧密衔接,设备使用保持均衡,人力资源的工作量与工作节奏保持均匀。检修工艺的内容应包括:

(1) 从检修准备、分解、检查、修理、组装到检查、试验的工作程序。
(2) 每道工序的具体作业方法,操作者必须遵循的操作标准。
(3) 使用的工具、量具、设备及材料的型号、规格。
(4) 每道工序的质量标准及其检验方法。

### 四、城市轨道交通车辆检修生产过程

城市轨道交通车辆的检修过程是一项系统工程,主要分为以下几项。

**1. 生产计划调度过程**

以满足城市轨道交通运营的需求为目标,根据车辆修程的规定、检修的资源情况、运营车辆的技术状况,制订车辆检修计划;根据车辆检修计划确定人力资源、检修设备、配件、材料等使用计划。在检修过程中,根据检修具体情况对以上生产要素进行有序调整、合理调度,以保证车辆检修计划的实施。

**2. 生产技术准备过程**

在车辆检修动工前进行生产技术准备工作,主要有:检修技术管理规程、检修工艺、检修工艺装备、材料消耗定额及工时消耗定额的设计与制订;出台与车辆运用技术要求相关的电客车操作标准、电客车故障处理办法等规章制度。

**3. 基本生产过程**

基本生产过程是车辆检修生产的直接活动,是车辆检修生产过程中最主要的组成部分。

**4. 辅助生产过程**

为保证车辆检修的基本生产过程正常开展所进行的各种辅助性生产活动,如:车辆设备及零部件的检修,车辆检修设备、设施的维护等。

**5. 生产服务过程**

为车辆检修的基本生产和辅助生产活动提供保障的各种生产服务活动,如:

材料、工具、配件的保管,设备及零部件的运输、供应、理化检验等。

## 五、城市轨道交通车辆检修规程

国内城市轨道交通车辆检修制度基本沿用了传统的城市轨道交通车辆的检修经验。符合车辆检修要求时,根据车辆检修技术管理规程,采用预防性计划检修方式和发生电客车故障后的状态修方式。通常车辆的检修规程分日常检修和定期检修,日检、双周检、月(三月)检、定修(年修)属于日常检修范畴,架修、大修属定期检修范畴。

1. 日检

日检是于每日运营电客车入库后在整备线上进行,主要进行车辆外部检查,以保证次日电客车的正常运营。检查项目包括:车体、车辆走行装置、车辆制动系统、车门传动装置、受电弓、照明等装置。

2. 双周检

双周检是对主要部件运用状态进行技术标准检查。检查项目包括:轮对运用尺寸、蓄电池电解液浓度、牵引电动机电刷长度、制动闸瓦厚度等。

3. 月(三月)检

月(三月)检是对电客车进行全面、细致检查,更换接近使用限度的易损、易耗件,并对主要部件的技术状态进行检查、测试和维护。

4. 定修(年修)

定修(年修)是对主要设备及零部件运用状态进行检查;对不良的设备及零部件进行更换或维修,保证技术标准符合运用要求;并对电气部分技术整定值进行检测及调整。

5. 架修

架修是将车辆进行解体,进行设备及零部件的检查、测定、修复及更换等检修。对重要部件如转向架、车钩、车门传动装置、制动装置、牵引电动机、受电弓等,进行测试、检查、修复,恢复车辆设备及零部件的运用性能。

6. 大修

大修是对车辆进行全面分解,整体修复,修竣后性能、标准应达到新造车的技术水平。

车辆通过定期检修规程后,要对车辆进行静态调试、试运转运行及动态调试。上述规程中,高等级检修规程都涵盖低等级检修规程中的检修内容。

## 信息收集

我们的任务是:_____

_____

## 制订计划

根据学习任务要求制订学习计划,并描述学习的重点(表1-5)。

学习计划                                                          表1-5

| 序号 | 学习主题 | 学习重点 |
| --- | --- | --- |
| 1 | 车辆检修制度 |  |
| 2 | 车辆检修工艺 |  |
| 3 | 车辆检修周期 |  |
| 4 | 车辆检修过程 |  |
| 5 | 车辆检修规程 |  |
| 审核意见: | | 确认签字:      年 月 日 |

## 任务实施

根据实施内容与要求展开任务实施,并填写实施情况(表1-6)。

任务实施方案                                                      表1-6

| 序号 | 实施内容 | 实施要求 | 实施情况 |
| --- | --- | --- | --- |
| 1 | 参观车辆段或利用视频资源学习车辆检修制度 | 资源全面,能充分展示或介绍车辆检修制度 | □是 □否 |
| 2 | 观看车辆段检修工艺方面视频,或参观检修基地工艺流程,或举例某城市轨道交通车辆实际检修工艺 | 资源全面,能说明车辆检修实际工艺流程 | □是 □否 |

续上表

| 序号 | 实施内容 | 实施要求 | 实施情况 |
|---|---|---|---|
| 3 | 观看车辆段检修工艺方面视频,或参观检修基地工艺流程,或举例某城市轨道交通车辆实际检修工艺 | 对标城市轨道交通车辆实际,讲明检修周期、检修过程及修程划分 | □是 □否 |

## 检查控制

根据学习计划及实施情况,指导老师对任务学习情况进行检查和评价(表1-7)。

任务学习情况检查评价表　　　　　　表1-7

| 序号 | 检查内容 | 检查结果 |
|---|---|---|
| 1 | 熟悉城市轨道交通车辆检修制度 | □是 □否 |
| 2 | 熟悉城市轨道交通车辆检修工艺 | □是 □否 |
| 3 | 熟悉城市轨道交通车辆检修周期 | □是 □否 |
| 4 | 了解城市轨道交通车辆检修过程 | □是 □否 |
| 5 | 掌握城市轨道交通车辆检修规程及特点 | □是 □否 |

存在问题:

整改意见:

确认签字:　　　　年　月　日

## 评价反馈

根据学习任务、学习计划及实施情况,小组人员进行自我评价,指导老师对作业人员表现进行综合评价。

(1)作业人员评价:＿＿＿＿＿＿＿＿＿＿＿＿＿＿＿＿＿＿＿＿＿＿

(2)指导老师评价：_____

 **知识巩固**

(1)城市轨道交通车辆检修的原则是什么？
(2)简述城市轨道交通车辆检修制度的划分。
(3)城市轨道交通车辆检修周期是什么？
(4)城市轨道交通车辆检修工艺有哪些？
(5)城市轨道交通车辆架修的定义是什么？

# 项目二　电客车高压集电设备检修

电客车高压集电设备一般包括架空受流装置受电弓与地面三轨受流装置集电靴,避雷器为电客车运行中大气过电压情况下的集电装置,高压集电装置检修的目的是使设备能够安全可靠地持续性工作。本项目学习任务分为:任务一,受电弓检修;任务二,集电靴检修;任务三,避雷器检修。

## 任务一　受电弓检修

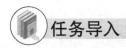

某地铁公司检修车间定修班班长,当日收到检修调度派发的 0355 电客车双周检生产任务后,班长将受电弓双周检生产任务派发给班组×××员工。×××收到任务后进行作业前准备工作。

1. 知识目标
◆能口述受电弓定义和作用;
※能口述受电弓测试作业方法及标准。
2. 技能目标
※能在实训现场或利用情景演示,口述或手动完成受电弓检修作业;
◆能发现他人在执行受电弓检修流程中存在的问题。
注:※学习难点;◆学习重点。

## 知识储备

### 一、受电弓定义及结构组成

**1. 受电弓定义**

受电弓为电客车车顶安装的设备,是一种架空受流装置,一列6辆编组的电客车一般在动车设有两架受电弓。其主要作用是受电弓上升后,可通过弓头碳滑板与接触网接触,将接触网电能导入电客车进行供电。反之,受电弓降下后,中断接触网与电客车的供电线路。

**2. 受电弓结构组成**

由于受电弓型号不同,其结构和驱动原理也存在一定差异,现以天海公司的QG-120型气囊受电弓为例进行介绍,受电弓实物如图2-1所示、结构如图2-2所示。

图2-1 受电弓实物

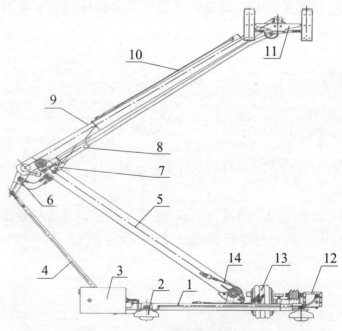

图2-2 受电弓结构

1-底架;2-绝缘子;3-气源控制箱;4-拉杆;5-下臂杆;6-软连线;7-液压阻尼器;8-平衡杆;
9-上臂;10-调整钢丝;11-弓头;12-电气控制箱;13-气囊;14-钢丝绳

## 二、受电弓相关技术参数

受电弓相关技术参数见表2-1。

**受电弓相关技术参数** 表2-1

| 序号 | 名称 | 技术标准 |
|---|---|---|
| 1 | 额定电压 | DC 1500V |
| 2 | 额定电流 | 1500A |
| 3 | 最低工作位置(不包括绝缘子) | 80mm |
| 4 | 最高工作位置(包括绝缘子) | 2300mm |
| 5 | 最大升弓高度(包括绝缘子) | 2880mm±100mm |
| 6 | 折叠高度(包括绝缘子) | 300mm/−10mm |
| 7 | 额定静态压力 | 120N±10N |
| 8 | 升弓时间(弓头离开止挡到最大工作高度) | 7s±1s |
| 9 | 降弓时间(最大工作高度到弓头落到止挡位置) | 7s±1s |
| 10 | 碳滑条工作部分长度 | 800mm×60mm×22mm |
| 11 | 碳滑条数量 | 2根 |
| 12 | 额定工作气压 | 0.45MPa |
| 13 | 最小工作气压 | 0.32MPa |
| 14 | 绝缘子高度 | 80mm |
| 15 | 绝缘子数量 | 4个 |

## 三、受电弓工作原理

QG-120型气囊受电弓,升降依靠DC 110V电气控制,320kPa以上空气驱动,其主要动作原理如图2-3所示。

(1)升弓行程:U指令→2KA02继电器(1)→2KA03继电器(1)→YV1电磁阀(1)→气源箱→多媒体箱→气囊→弓起↑;

(2)降弓行程:D指令→2KA01继电器(1)→2KA02继电器(0)→2KA03继

电器(0)→YV1 电磁阀(0)气囊压力→YV1 电磁阀(0)→大气→弓落↓。

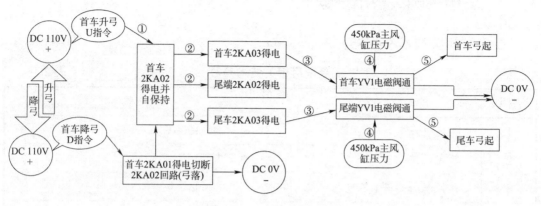

图 2-3　工作原理图

## 工艺准备

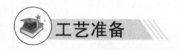

### 一、受电弓清洁

注：(1) 用蘸有酒精的棉麻布/无纺清洁布对以下项目进行清洁。
　　(2) 多媒体箱与底架之间的 2 个绝缘子材质若是陶瓷材质则使用酒精进行清洁，若为橡胶树脂类材质则使用清水进行清洁。
受电弓清洁内容及要求见表 2-2。

受电弓清洁内容及要求　　　　　　　　　表 2-2

| 序号 | 清洁内容及要求 | 图示 |
| --- | --- | --- |
| 1 | 清洁受电弓上下臂杆及底架表面，并确认焊接处有无裂纹 |  |
| 2 | 清洁受电弓各绝缘气管，并确认各气管端部安装良好，气管无破损、打折或划伤等异常情况 |  |

· 18 ·

续上表

| 序号 | 清洁内容及要求 | 图示 |
|---|---|---|
| 3 | 用蘸有酒精的抹布清洁受电弓底架上的4个底架绝缘子,确认绝缘子无破损、掉块等异常情况。用蘸有酒精或清水的抹布清洁多媒体箱与底架之间的2个绝缘子,确认绝缘子无破损、掉块等异常情况 | |
| 4 | 清洁并目视检查受电弓车顶处吊环上的绝缘保护措施良好,严重破损须更换 | |

## 二、受电弓润滑

**注**:(1)涂抹润滑油的目的是让活动部位活动灵活,防止干摩擦。涂油均匀并覆盖活动部位表面,适量即止。

(2)在给钢丝绳与转动槽处涂抹润滑油结束后,务必确认钢丝绳在其槽内。

(3)确认各润滑部位清洁干净后,用毛刷在润滑位置涂抹新润滑油。

受电弓润滑内容及要求见表2-3。

**受电弓润滑内容及要求** 表2-3

| 序号 | 润滑内容及要求 | 图示 |
|---|---|---|
| 1 | 升弓钢丝绳与转动槽润滑:用毛刷将黄油或指定润滑脂,对升弓钢丝绳与转动槽处的贴合处进行均匀涂抹,确保不拉丝 | |
| 2 | 平衡杆活动关节润滑:用毛刷将黄油或指定润滑脂,对平衡杆活动关节转动部位进行均匀涂抹,确保不拉丝 | |

续上表

| 序号 | 润滑内容及要求 | 图示 |
|---|---|---|
| 3 | 拉杆两端球头关节润滑:用毛刷将黄油或指定润滑脂,对拉杆两端球头关节转动部位进行均匀涂抹,确保不拉丝 | |

## 三、受电弓检查

**注:**(1)新滑板条更换后应检查受电弓的静态压力,如果需要请进行调整。

(2)在检查气囊内有无异响时,操作上臂杆人员务必抓稳上臂杆,防止由于异常情况出现受电弓降下,砸伤听气囊异响的人员。

(3)碳滑板安装螺母拧紧力矩为20N·m,严禁将此力矩加至大于此标准。

受电弓检查内容及要求见表2-4。

受电弓检查内容及要求　　　　表2-4

| 序号 | 检查内容及要求 | 图示 |
|---|---|---|
| 1 | 碳滑板检查及测量:<br>(1)升弓状态下(或支撑),磨耗在同一平面,用水平尺纵向测量,碳滑板表面完全接触(气泡在中间,水平值<0.1);<br>(2)碳滑板无宽度方向>40%、长度方向>100mm的崩边,表面无贯穿性裂纹,整体无延伸至托架的裂纹;<br>(3)单条碳滑板厚度高低差≤4mm,所有碳滑板同一水平厚度高低差≤5mm,若有超过限度则用锉刀将其打磨至标准范围内 | |

续上表

| 序号 | 检查内容及要求 | 图示 |
|---|---|---|
| 2 | 气囊检查:升弓,观察气囊的运动及膨胀,具体确认项目如下。<br>(1)气囊的运动是否沿纵向运动,且有无偏离中心的现象;<br>(2)气囊各区的膨胀大小是否一致,目测气囊沿中心线运动无偏移,若发生有偏移,用直尺分别测量气囊膨胀后的两侧距离,若两侧距离偏差小于或等于11mm,属于正常现象,若偏差大于11mm,则通过调整钢丝绳两端锁紧螺母位置的方式进行调整;<br>(3)升弓,待受电弓升起后1人用手压受电弓的上臂杆使其上下运动,另1人耳朵放至气囊臂上,听气囊内有无响声,如有则更换气囊 | |
| 3 | 导流线检查:用手试拉各导流线紧固螺母,应状态良好、防松线清晰可见,无错位,导流线断股不超限。当发现导流线断股达到15%时须进行更换 | |
| 4 | U形平衡钢丝检查:两端安装紧固无松脱,开口销无丢失 | |
| 5 | 整弓检查:目视检查受电弓外观状态良好,各紧固螺栓紧固,各处防松线无错位 | |

## 四、受电弓测试

**注**:(1)在进行旋3、9旋钮时,确保抓紧,防止打滑。

(2)升降弓及接触压力调整完毕后,及时锁紧螺母。

受电弓测试内容及要求见表2-5。

受电弓测试内容及要求　　　　　　表2-5

| 序号 | 测试内容及要求 | 图示 |
|---|---|---|
| 1 | 接触压力测试:受电弓升起后,使用弹簧秤挂在碳滑板安装座中部,向下均匀拉动受电弓,使其脱离接触网观察接触压力,确保接触压力在120N±10N(注:测量接触压力读取数值的时机为弹簧秤将碳滑板拉至离开接触网200mm处,且总风气压大于600kPa) | |
| 2 | 升降弓时间测试:<br>(1)测量受电弓升降弓时间为7s±1s。<br>(2)升降弓时间记录时机。升弓时,从受电弓开始动作到碳滑板接触到接触网为止;降弓时,从碳滑板脱离接触网到受电弓碳滑板支架与止挡充分接触为止。主风压力大于600kPa。<br>(3)打开受电弓气源控制箱,通过控制节流阀3(升弓时间的调整)和9(降弓时间的调整)进行调整,并目视两端受电弓升降弓时间同步 | 1-电磁阀;2-空气过滤器;3-节流阀;4-精密减压阀;5-三通座;6-安全阀;7-压力表;8-球阀;9-节流阀;10-换向阀;11-消声器;12-消声节流阀 |

## 项目二 电客车高压集电设备检修

### 信息收集

我们的任务是：_____

_____

为了顺利完成本任务，请完成以下信息收集(表2-6)。

信息收集　　　　　　　　　　　　　　　　表2-6

| 序号 | 信息类别 | 相关要求 | 是否完成 |
|---|---|---|---|
| 1 | 作业条件 | 电客车无电 | □是　□否 |
|  |  | 接触网断电已设地线 | □是　□否 |
|  |  | 电客车禁动牌已设置 | □是　□否 |
| 2 | 人员要求 | 穿戴劳保鞋、安全帽 | □是　□否 |
|  |  | 按要求佩戴安全带 | □是　□否 |
| 3 | 注意事项 | 禁止高空抛物 | □是　□否 |
|  |  | 高空作业安全带高挂低用 | □是　□否 |
|  |  | 作业前确认接触网搭铁线已设置 | □是　□否 |
|  |  | 作业后出清现场物料 | □是　□否 |
| 4 | 作业关键点 | 受电弓碳滑板状态正常 | □是　□否 |
|  |  | 接触压力符合要求 | □是　□否 |
|  |  | 升降时间符合8s±1s | □是　□否 |
|  |  | 测试完及时恢复设备状态 | □是　□否 |

情况说明：

确认签字：　　　　年　月　日

### 制订计划

(1)根据检修任务要求制订检修计划，并描述作业关键点(表2-7)。

检修计划　　　　　　　　　　　　　　　表2-7

| 序号 | 作业流程 | 作业关键点 |
|---|---|---|
| 1 | 清洁 | |
| 2 | 润滑 | |
| 3 | 检查 | |
| 4 | 测试 | |

审核意见：

　　　　　　　　　　　　　　　　　确认签字：　　　年　月　日

（2）根据检修计划做好作业前的准备工作（表2-8）。

检测设备、工器具、物料、劳保用品　　　　　　表2-8

| 序号 | 名称 | 数量 | 清点 |
|---|---|---|---|
| 1 | 平锉 | 1把 | □已清点 |
| 2 | 圆锉 | 1把 | □已清点 |
| 3 | 75%酒精 | 1瓶 | □已清点 |
| 4 | 抹布 | 0.5m | □已清点 |
| 5 | 润滑脂 | 50g | □已清点 |
| 6 | 油刷 | 1把 | □已清点 |
| 7 | 红、黑划线笔 | 各1支 | □已清点 |
| 8 | 受电弓支架 | 1个 | □已清点 |
| 9 | 安全吊链 | 1条 | □已清点 |
| 10 | 安全带 | 1条 | □已清点 |

情况说明：

　　　　　　　　　　　　　　　　　确认签字：　　　年　月　日

（3）根据检修计划，完成小组分工及作业安全预想（表2-9）。

## 项目二 电客车高压集电设备检修

小组分工　　　　　　　　　　　　　　　　　　　　表2-9

| 作业人 | | 互控人 | |
|---|---|---|---|
| 作业安全预想 ||||
| 作业前 ||||
| 作业中 ||||
| 作业后 ||||

任务实施

### 一、作业条件确认（表2-10）

作业条件确认　　　　　　　　　　　　　　　　　　表2-10

| 图示 | 条件要求 | 实施情况 |
|---|---|---|
|  | 电客车断电已超3min | □是　□否 |
|  | 接触网断电已设搭铁线 | □是　□否 |
|  | 电客车禁动牌已设置 | □是　□否 |

## 二、受电弓清洁(表2-11)

受电弓清洁任务实施　　　　　　　　　表2-11

| 序号 | 内容 | 图示 | 清洁要求 | 实施情况 |
|---|---|---|---|---|
| 1 | 上臂杆 | | 抹布蘸酒精 | □是　□否 |
| | | | 表面无油污、灰尘等异物 | □是　□否 |
| 2 | 下臂杆 | | 抹布蘸酒精 | □是　□否 |
| | | | 表面无油污、灰尘等异物 | □是　□否 |
| 3 | 底架 | | 抹布蘸酒精 | □是　□否 |
| | | | 表面无油污、灰尘等异物 | □是　□否 |

续上表

| 序号 | 内容 | 图示 | 清洁要求 | 实施情况 |
|---|---|---|---|---|
| 4 | 活动关节位置废润滑脂清洁 | | 抹布蘸酒精 | □是 □否 |
| | | | 表面无油污、灰尘等异物 | □是 □否 |

## 三、受电弓润滑(表2-12)

受电弓润滑任务实施　　　　　　　表2-12

| 序号 | 内容 | 图示 | 润滑要求 | 实施情况 |
|---|---|---|---|---|
| 1 | 升弓钢丝绳 | | 锂基脂或黄油 | □是 □否 |
| | | | 润滑升弓钢丝绳与接触槽活动部位 | □是 □否 |
| | | | 润滑均匀、不拉丝 | □是 □否 |
| 2 | 平衡杆活动关节 | | 锂基脂或黄油 | □是 □否 |
| | | | 润滑平衡杆两端活动部位 | □是 □否 |
| | | | 润滑均匀、不拉丝 | □是 □否 |
| 3 | 拉杆两端球头关节 | | 锂基脂或黄油 | □是 □否 |
| | | | 润滑拉杆两端轴承活动面部位 | □是 □否 |
| | | | 润滑均匀、不拉丝 | □是 □否 |

# 四、受电弓检查(表2-13)

受电弓检查任务实施　　　　　　表2-13

| 序号 | 内容 | 图示 | 检修要求 | 实施情况 |
|---|---|---|---|---|
| 1 | 碳滑板 |  | 碳滑板表面无贯穿性裂纹和崩边 | □是　□否 |
|  |  |  | 在距中心±250mm区域最薄处,测量碳滑板厚度,要求≥26mm | □是　□否 |
|  |  |  | 检查碳滑板沟槽深度,要求≤5mm | □是　□否 |
| 2 | 气囊 |  | 气囊表面无龟裂、鼓包 | □是　□否 |
|  |  |  | 升弓后耳听气囊无漏气 | □是　□否 |
|  |  |  | 升弓后测量气囊左右偏心距离,要求偏差≤10mm | □是　□否 |

续上表

| 序号 | 内容 | 图示 | 检修要求 | 实施情况 |
|---|---|---|---|---|
| 3 | 阻尼器 | | 外观无裂纹、渗油 | □是 □否 |
| | | | 升降弓时阻尼器伸缩正常 | □是 □否 |
| 4 | 导流线 | | 无散股、断股 | □是 □否 |
| | | | 表面无过流烧蚀现象 | □是 □否 |
| 5 | U形平衡钢丝 | | 安装无松脱 | □是 □否 |
| | | | U形平衡钢丝安装处无裂纹 | □是 □否 |
| 6 | 紧固件状态 | | 紧固件无缺失 | □是 □否 |
| | | | 画线清晰、无错位 | □是 □否 |

## 五、受电弓测试（表2-14）

**受电弓测试任务实施**  表2-14

| 序号 | 内容 | 图示 | 测试要求 | 实施情况 |
|---|---|---|---|---|
| 1 | 接触压力测试 |  | 拉力计下拉受电弓与接触网距离≥20cm | □是 □否 |
|  |  |  | 接触压力120N±10N，如不符合标准，则通过减压阀旋钮进行调整，合格后再次进行测试确认 | □是 □否 |
| 2 | 升弓时间测试 |  | 升弓时间记录时机：受电弓开始动作至接触到接触网 | □是 □否 |
|  |  |  | 升弓时间7s±1s，如不符合标准，则通过升降弓阀门进行调整，合格后再次进行测试确认 | □是 □否 |
| 3 | 降弓时间测试 |  | 降弓时间记录时机：受电弓脱离结网开始至落下时间 | □是 □否 |
|  |  |  | 降弓时间7s±1s，如不符合标准，则通过升降弓阀门进行调整，合格后再次进行测试确认 | □是 □否 |

## 检查控制

根据受电弓检修计划及实施情况,指导老师对作业质量进行检查和评价(表2-15)。

**任务学习情况检查评价表**　　　　　表2-15

| 序号 | 检查内容 | 检查结果 |
|---|---|---|
| 1 | 上臂杆、下臂杆、底架清洁符合清洁要求 | □是 □否 |
| 2 | 受电弓润滑无漏项,符合润滑要求 | □是 □否 |
| 3 | 碳滑板、气囊、阻尼器、导流线、U形平衡钢丝及紧固件外观状态符合要求 | □是 □否 |
| 4 | 接触压力、升降弓时间确认 | □是 □否 |
| 存在问题:<br><br>整改意见:<br><br>　　　　　　　　　　　　　确认签字:　　　　年　月　日 | | |

## 评价反馈

(1)指导老师根据任务实施情况,对完成的工作量进行检查统计(表2-16)。

**任务实施完成情况表**　　　　　表2-16

| 序号 | 作业分类 | 作业内容 | 完成结果 |
|---|---|---|---|
| 1 | 作业条件确认 | 状态确认 | □是 □否 |
| 2 | 受电弓清洁 | 上臂杆 | □是 □否 |
| 3 | | 下臂杆 | □是 □否 |
| 4 | | 底架 | □是 □否 |
| 5 | | 活动关节位置废润滑脂清洁 | □是 □否 |
| 6 | 受电弓润滑 | 升弓钢丝绳 | □是 □否 |
| 7 | | 平衡杆活动关节 | □是 □否 |
| 8 | | 拉杆两端球头关节 | □是 □否 |

续上表

| 序号 | 作业分类 | 作业内容 | 完成结果 |
|---|---|---|---|
| 9 | 受电弓检查 | 碳滑板 | □是 □否 |
| 10 | | 气囊 | □是 □否 |
| 11 | | 阻尼器 | □是 □否 |
| 12 | | 导流线 | □是 □否 |
| 13 | | U形平衡钢丝 | □是 □否 |
| 14 | | 紧固件状态 | □是 □否 |
| 15 | 受电弓测试 | 接触压力测试 | □是 □否 |
| 16 | | 升弓时间测试 | □是 □否 |
| 17 | | 降弓时间测试 | □是 □否 |

存在问题：

整改意见：

确认签字：　　　　年　月　日

(2)根据任务实施情况，小组人员进行自我评价，指导老师对作业人员表现进行综合评价。

①作业人员评价：_____

②互控人员评价：_____

③指导老师评价：_____

一、填空题

(1) 受电弓升弓时间为_____ s，降弓时间为_____ s。

(2) 受电弓接触压力为_____ N。

(3) 受电弓碳滑板的厚度要求_____ mm，沟槽深度要求_____ mm。

(4) 受电弓升工后气囊左右偏差值要求_____ mm。

(5) 受电弓润滑部位包括平衡杆活动关节、_____、拉杆两端球头关节。

二、简答题

(1) 受电弓检修前作业条件是什么？

(2) 碳滑板检查要求及测量方法是什么？

(3) 受电弓升降弓测量时机及要求是什么？

(4) 受电弓润滑的部位有哪些？

(5) 受电弓接触压力如何测试，要求值为多少？

# 任务二　集电靴检修

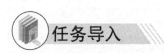

某地铁公司检修车间定修班班长，当日收到检修调度派发的0125电客车年检生产任务后，班长将集电靴年检生产任务派发给班组×××员工，×××收到任务后进行作业前准备工作。

## 学习目标

1. 知识目标

◆能口述集电靴定义和作用；

※能口述集电靴测试作业方法及标准。

2. 技能目标

※能在实训现场或利用情景演示，口述或手动完成集电靴检修作业；

◆能发现他人在执行集电靴检修流程中存在的问题。

注：※学习难点；◆学习重点。

## 知识储备

### 一、集电靴定义及结构组成

**1. 集电靴定义**

集电靴为电客车转向架两侧安装的设备,是一种地面受流装置,通过与第三轨的接触将 DC 750V 高压导入电客车进行供电。集电靴与接触轨的接触方式分为上接触式、下接触式和侧接触式三种。为了保证受流质量的稳定性,集电靴与第三轨之间的接触压力应满足要求。

**2. 集电靴结构组成**

一列 6 辆编组的电客车,分别以 1 辆拖车（Tc 车）加 2 辆动车（M 车）组成一个单元,集电靴一般设置在每个单元的转向架两侧,其主要结构可参考集电靴实物图（图 2-4）、结构图（图 2-5）。

图 2-4 集电靴实物

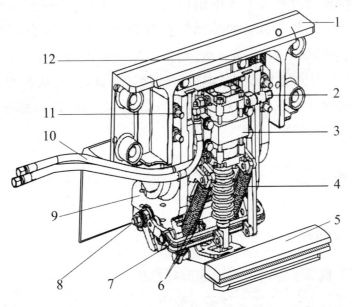

图 2-5 集电靴结构

1-绝缘底座;2-手动回退工具插入位置;3-气动回退装置;4-拉簧压力系统;5-碳滑板;6-集电靴止挡;7-回退柄;8-臂轴;9-调整支架;10-气管;11-调整螺栓;12-调整丝槽

## 二、集电靴相关技术参数

集电靴相关技术参数见表2-17。

**集电靴相关技术参数**　　　　　　表2-17

| 序号 | 名称 | 技术参数 |
|---|---|---|
| 1 | 集电靴与接触轨(第三轨)的接触压力 | 120N±24N |
| 2 | 集电靴升靴高度 | 255～260mm |
| 3 | 集电靴降靴高度 | 145～150mm |
| 4 | 集电靴熔断器参数 | DC1900V,600A |
| 5 | 集电靴质量 | 34kg |
| 6 | 集电靴绝缘标准 | DC 2000V,≥100MΩ |

## 三、集电靴工作原理

集电靴升降靴通过控制两个电磁阀的线圈得失电,来控制推动和收回集电靴碳滑板的动作。一般集电靴的驱动气缸分为上下两部分,分别由电磁阀控制其气路的通断,升靴时气缸上部充气,则集电靴气缸的活塞下移,带动回退柄上移(顺时针转动),回退柄上移则集电靴臂轴将逆时针转动,从而带动集电靴悬臂向上提升。降靴时气缸下部充气,集电靴气缸活塞上移,回退柄下移,臂轴顺时针转动,集电靴悬臂下降。

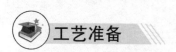
工艺准备

## 一、碳滑板检修

注:(1)碳滑板拆装谨防磕碰出现裂纹损坏。

(2)碳滑板安装,力矩必须符合要求。

(3)作业完毕后钢直尺及辅料应全部出清。

碳滑板检修内容及要求见表2-18。

**碳滑板检修内容及要求** 表 2-18

| 序号 | 检修内容及要求 | 图示 |
|---|---|---|
| 1 | 用干抹布清洁碳滑板表面,酒精清洁其余部位及安装面 | |
| 2 | 检查碳滑板无贯穿性裂纹,碳滑板与托架无相对运动,托架无电蚀、裂纹及生锈,碳滑板安装螺栓无生锈,用钢直尺测量碳滑板厚度(碳滑板最薄处到碳滑板托架上边缘的距离)≥12mm | 碳滑板<br>安装螺栓<br>碳滑板托架 |
| 3 | 碳滑板厚度超过限度或出现不可修复的问题则进行更换。<br>(1)拆卸碳滑板底部M8安装螺栓,从托架上取下碳滑板。<br>(2)在碳滑板托架与碳滑板接触面涂抹导电脂,使用13#套筒扳手和4个安装螺栓将碳滑板安装在碳滑板托架上,紧固力矩为23N·m,并划防松线 | |

## 二、集电靴清洁

**注:**(1)用蘸有酒精的棉麻布/无纺清洁布进行清洁。

(2)保护罩拆卸后保留好螺栓,禁止放置在集电靴内部,以免遗留造成供电短路隐患。

集电靴清洁内容及要求见表2-19。

**集电靴清洁内容及要求** 表 2-19

| 序号 | 清洁内容及要求 | 图示 |
|---|---|---|
| 1 | 用抹布蘸酒精清洁拆防护罩外表面,要求表面无灰尘 | 绝缘防护罩及安装螺栓 |

续上表

| 序号 | 清洁内容及要求 | 图示 |
|---|---|---|
| 2 | 拆卸防护罩 M10 螺栓,取出绝缘防护罩。清洁内部元件,要求表面无灰尘,螺栓划线清晰无错位 | (受流器支架安装螺栓、受流器安装螺栓) |

## 三、集电靴检修

**注**：(1) 管接头气密性检查时,需要借助检漏剂进行,同时气密性检查完毕后及时清干残留检漏剂,确保内部干燥。

(2) 部件防松线错位时,必须按要求力矩进行紧固后划线。

集电靴检修内容及要求见表2-20。

集电靴检修内容及要求　　　　　表2-20

| 序号 | 检修内容及要求 | 图示 |
|---|---|---|
| 1 | 主气缸和解锁气缸检查：表面无破损裂纹,管路接头安装紧固,防松线清晰无错位,无漏气 | (解锁气缸、主气缸) |
| 2 | 锁机构检查：表面无破损裂纹,安装螺栓紧固,防松线清晰无错位,卡环无丢失;圆柱销安装紧固,无变形损坏 | (锁机构) |

续上表

| 序号 | 检修内容及要求 | 图示 |
|---|---|---|
| 3 | 位置开关检查:表面无破损裂纹,安装螺栓紧固,防松线清晰无错位 | |
| 4 | 拉簧和机械止挡检查:表面无变形裂纹,安装螺栓紧固,防松线清晰无错位 | |
| 5 | 绝缘防护罩支架检查:四根支架(下部两根塑料的)安装紧固,无裂纹、无断裂 | |
| 6 | 盖上绝缘防护罩,安装防护罩M10螺栓,以力矩35N·m划防松线 | |

## 四、集电靴测试

**注:**(1)升降靴调整及接触压力调整测量合格后,必须进行升降靴功能测试,确保状态正常。

(2)绝缘电阻测试期间,禁止触碰被测设备,以免触电。

集电靴测试内容及要求见表2-21。

集电靴测试内容及要求　　　　表 2-21

| 序号 | 测试内容及要求 | 图示 |
|---|---|---|
| 1 | 升靴高度:通过高度尺测量受流器升靴面至走行轨轨面的距离。升靴高度应为 255～260mm,不满足时通过调整 M10 螺母调节升靴高度,合格后紧固螺母,以力矩 35N·m 划防松线 | 升靴调节螺母 |
| 2 | 降靴高度:通过高度尺测量受流器降靴面至走行轨轨面的距离,降靴高度应为 145～150mm,不满足时通过调整 M16 螺母调节降靴高度,合格后紧固螺母,以力矩 65N·m 划防松线 | 降靴调节螺母 |
| 3 | 接触压力:<br>(1)弹簧秤检测摆臂处于正常位(即受流靴靴面至轨面高度为 200mm)时的接触压力,压力测量点在受流靴滑块的中心。<br>(2)集电靴接触压力应为 120N±24N,不满足时通过松开拉簧顶部的锁紧螺母,然后旋转上部 M12 固定螺栓调节压力值,合格后紧固螺母,以力矩 55N·m 划防松线 | 固定螺栓锁紧螺母 |
| 4 | 绝缘电阻:用绝缘电阻测试仪,黑夹钳夹至绝缘摆臂处,红夹钳夹至导流线导电处 | 绝缘摆臂 |
| 5 | 集电靴安装后,测量同一转向架两侧两个受流器的导通性 | 用万用表红黑表笔分别接触左右两侧受流器高压线缆安装螺栓 |

# 信息收集

我们的任务是：_____

_____

为了顺利完成本任务，请完成以下信息收集(表2-22)。

信息收集　　　　　　　　　　　　　　　表2-22

| 序号 | 信息类别 | 相关要求 | 是否完成 |
|---|---|---|---|
| 1 | 作业条件 | 电客车无电 | □是　□否 |
|   |   | 接触轨断电已设搭铁线 | □是　□否 |
|   |   | 电客车禁动牌已设置 | □是　□否 |
| 2 | 人员要求 | 穿戴劳保鞋、安全帽 | □是　□否 |
|   |   | 穿戴防护服、防护手套、绝缘手套 | □是　□否 |
| 3 | 注意事项 | 碳滑板安装接触面涂抹导电膏 | □是　□否 |
|   |   | 集电靴降靴情况下，存在反弹伤害风险，做好防护 | □是　□否 |
|   |   | 绝缘电阻测试期间，禁止触碰设备，戴好绝缘手套 | □是　□否 |
|   |   | 作业后出清现场物料 | □是　□否 |
| 4 | 作业关键点 | 集电靴碳滑板状态正常 | □是　□否 |
|   |   | 接触压力符合要求 | □是　□否 |
|   |   | 升降靴高度符合要求 | □是　□否 |
|   |   | 绝缘电阻符合要求 | □是　□否 |
|   |   | 测试完及时恢复设备状态 | □是　□否 |

情况说明：

确认签字：　　　　年　月　日

# 制订计划

(1)根据检修任务要求制订检修计划，并描述作业关键点(表2-23)。

检修计划　　　　　　　　　　　　　　　　　　表2-23

| 序号 | 作业流程 | 作业关键点 |
|---|---|---|
| 1 | 碳滑板检修 |  |
| 2 | 清洁 |  |
| 3 | 检修 |  |
| 4 | 测试 |  |

审核意见：

　　　　　　　　　　　　　　　确认签字：　　　　年　月　日

(2)根据检修计划做好作业前的准备工作(表2-24)。

检测设备、工器具、物料、劳保用品　　　　　　表2-24

| 序号 | 名称 | 数量 | 清点 |
|---|---|---|---|
| 1 | 13mm棘开扳手、套筒 | 各1个 | □已清点 |
| 2 | 17mm棘开扳手、套筒 | 各1个 | □已清点 |
| 3 | 19mm棘开扳手、套筒 | 各1个 | □已清点 |
| 4 | 24mm棘开扳手、套筒 | 各1个 | □已清点 |
| 5 | 扭力扳手0~100N·m | 1把 | □已清点 |
| 6 | 弹簧秤 | 1把 | □已清点 |
| 7 | 万用表 | 1个 | □已清点 |
| 8 | 绝缘电阻测试仪 | 1个 | □已清点 |
| 9 | 75%酒精 | 1瓶 | □已清点 |
| 10 | 抹布 | 0.5m | □已清点 |
| 11 | 导电脂 | 50g | □已清点 |
| 12 | 毛刷 | 1把 | □已清点 |
| 13 | 红、黑划线笔 | 各1支 | □已清点 |

情况说明：

　　　　　　　　　　　　　　　确认签字：　　　　年　月　日

(3)根据检修计划,完成小组分工及作业安全预想(表2-25)。

小组分工　　　　　　　　　　　　　　表 2-25

| 作业人 | | 互控人 | |
|---|---|---|---|
| 作业安全预想 ||||
| 作业前 ||||
| 作业中 ||||
| 作业后 ||||

# 任务实施

## 一、作业条件确认（表 2-26）

作业条件确认　　　　　　　　　　　　表 2-26

| 图示 | 条件要求 | 实施情况 |
|---|---|---|
|  | 电客车断电已超 3min | □是　□否 |
|  | 接触轨已断电、已设置搭铁线 | □是　□否 |
|  | 电客车已设置禁止动车牌 | □是　□否 |

## 二、碳滑板检修(表2-27)

碳滑板检修任务实施　　　　　　　　　表2-27

| 图示 | 检修要求 | 实施情况 |
|---|---|---|
|  | 用干抹布清洁碳滑板表面,酒精清洁其余部位及安装面;检查碳滑板无裂纹、崩边 | □是　□否 |
|  | 直尺测量碳滑板厚度,要求≥12mm,不符合则更换 | □是　□否 |

## 三、集电靴清洁(表2-28)

集电靴清洁任务实施　　　　　　　　　表2-28

| 图示 | 清洁要求 | 实施情况 |
|---|---|---|
|  | 清洁集电靴整体外观 | □是　□否 |
|  | 表面无油污、灰尘等异物,螺栓划线清晰 | □是　□否 |

## 四、集电靴检修(表2-29)

集电靴检修任务实施　　　　　　　　　　　表2-29

| 图示 | 检修要求 | 实施情况 |
|---|---|---|
| 绝缘防护罩及安装螺栓 | 拆卸防护罩 M10 螺栓,取出绝缘防护罩 | □是　□否 |
| 解锁气缸　主气缸 | 检查主气缸和解锁气缸,要求无裂纹、管接头紧固、无漏气、防松线清晰无错位 | □是　□否 |
| 位置开关 | 检查锁机构,要求无裂纹、安装紧固、防松线清晰无错位、卡环无丢失,圆柱销安装紧固、无变形 | □是　□否 |
| | 检查拉簧和机械止挡,要求无变形裂纹、安装紧固,防松线清晰无错位 | □是　□否 |
| 拉簧　位置锁止挡 | 检查绝缘防护罩支架,要求四根支架(下部两根塑料的)安装紧固、无裂纹、无断裂 | □是　□否 |
| 盖罩螺栓 | 盖上绝缘防护罩,安装防护罩 M10 螺栓,以力矩35N·m 划防松线 | □是　□否 |

## 五、集电靴测试(表2-30)

**集电靴测试任务实施**　　　　　　　　　表2-30

| 序号 | 内容 | 图示 | 检修要求 | 实施情况 |
|---|---|---|---|---|
| 1 | 升靴高度测量 | (升靴调节螺母) | 升靴高度:测受流器升靴面至走行轨轨面的距离,高度要求255~260mm | □是 □否 |
| 2 | 降靴高度测量 | (降靴调节螺母) | 降靴高度:测受流器降靴面至走行轨轨面的距离,高度要求145~150mm | □是 □否 |
| 3 | 接触压力测试 | (固定螺栓 锁紧螺母) | 接触压力:弹簧秤检测摆臂处于正常位时的接触压力;接触压力要求:120N±24N | □是 □否 |
| 4 | 绝缘电阻测试 | (绝缘摆壁) | 绝缘摆臂绝缘电阻测试,要求DC 2000V,绝缘值>100MΩ | □是 □否 |

续上表

| 序号 | 内容 | 图示 | 检修要求 | 实施情况 |
|---|---|---|---|---|
| 5 | 相邻集电靴导通测试 | 用万用表红黑表笔分别接触左右两侧受流器高压线缆安装螺栓 | 两侧受流装置导通测试:要求可以导通 | □是 □否 |

 **检查控制**

根据集电靴检修计划及实施情况,指导老师对作业质量进行检查和评价(表2-31)。

**任务学习情况检查评价表**　　　　　　　　　　　表2-31

| 序号 | 检查内容 | 检查结果 |
|---|---|---|
| 1 | 集电靴外观及碳滑板清洁符合清洁要求 | □是　□否 |
| 2 | 集电靴检修无漏项、符合检修要求 | □是　□否 |
| 3 | 升降靴高度符合测量要求 | □是　□否 |
| 4 | 接触压力、绝缘电阻、导通性符合测试要求 | □是　□否 |

存在问题:

整改意见:

确认签字:　　　年　月　日

 **评价反馈**

(1)指导老师根据任务实施情况,对完成的工作量进行检查统计(表2-32)。

任务实施完成情况表  表2-32

| 序号 | 作业分类 | 作业内容 | 完成结果 |
|---|---|---|---|
| 1 | 作业条件确认 | 状态确认 | □是 □否 |
| 2 | 碳滑板检修 | 清洁 | □是 □否 |
| 3 | | 检查 | □是 □否 |
| 4 | | 拆装 | □是 □否 |
| 5 | 集电靴清洁 | 外观整体 | □是 □否 |
| 6 | 集电靴检修 | 防护罩拆卸 | □是 □否 |
| 7 | | 主气缸和解锁气缸 | □是 □否 |
| 8 | | 锁机构 | □是 □否 |
| 9 | | 拉簧和机械止挡 | □是 □否 |
| 10 | | 绝缘防护罩支架 | □是 □否 |
| 11 | | 防护罩安装 | □是 □否 |
| 12 | 集电靴测试 | 升靴高度 | □是 □否 |
| 13 | | 降靴高度 | □是 □否 |
| 14 | | 接触压力 | □是 □否 |
| 15 | | 绝缘电阻 | □是 □否 |
| 16 | | 导通测试 | □是 □否 |

存在问题：

整改意见：

确认签字：　　　年　月　日

（2）根据任务实施情况，小组人员进行自我评价，指导老师对作业人员表现进行综合评价。

①作业人员评价：_____

②互控人员评价：_____

_____

_____

③指导老师评价：_____

_____

_____

### 知识巩固

一、填空题

(1) 集电靴升靴高度为_____mm，降靴高度为_____mm。

(2) 集电靴接触压力为_____N。

(3) 集电靴碳滑板的厚度要求_____mm。

(4) 集电靴绝缘电阻测试时要求电压为_____V，绝缘电阻值为_____MΩ。

(5) 集电靴的受流电压一般为_____V。

二、简答题

(1) 集电靴的定义是什么？

(2) 集电靴检修的作业条件要求是什么？

(3) 集电靴碳滑板的检修要求是什么？

(4) 升降靴高度测量及调整方法是什么？

(5) 集电靴绝缘电阻的测试方法及要求是什么？

## 任务三　避雷器检修

### 任务导入

某地铁公司架修车间电气班班长，本周收到架修调度派发的0110车电客车电气部件架修生产任务后，班长将避雷器架修生产任务派发给班组×××员工，×××收到任务后进行作业前准备工作。

 学习目标

1. 知识目标
◆能口述避雷器定义和作用；
※能口述避雷器测试作业方法及标准。
2. 技能目标
※能在实训现场或利用情景演示，口述或手动完成避雷器检修作业；
◆能发现他人在执行避雷器检修流程中存在的问题。
注：※学习难点；◆学习重点。

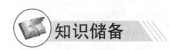 知识储备

# 一、避雷器定义及构造

1. 避雷器定义

避雷器为电客车车顶受电弓旁边的独立安装设备，其上部端子连接受电弓，下部连接大地，主要用于保护搭载在车辆上的设备避免受雷击过电压造成的击穿和损坏。

2. GL-DC15W5 型避雷器构造

（1）避雷器的各部分的构造，应具有足够耐受振动、积雪以及强风等的机械强度，并且能够承受长年的使用。

（2）端子使用压接端子以及 M6 螺栓紧固，能够方便牢固安装 $14mm^2$ 的电线。

（3）直击雷等超出性能要求的雷击，会使避雷器出现绝缘劣化，漏电流的增加会导致避雷器内部压力上升，为了避免瓷管发生爆炸飞散，装有保护罩，避雷器主体下部设置了放压板。避雷器实物如图 2-6 所示，紧固件连接图如图 2-7 所示。

图 2-6　避雷器实物

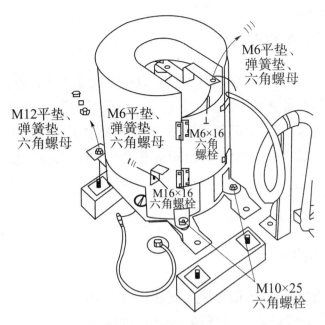

图 2-7 紧固件连接图

## 二、避雷器相关技术参数

避雷器相关技术参数见表 2-33。

避雷器相关技术参数　　　　　　　　表 2-33

| 序号 | 名称 | 技术参数 |
|---|---|---|
| 1 | 避雷器基本质量 | 20kg |
| 2 | 避雷器绝缘标准 | DC 1000V,>200MΩ |
| 3 | 避雷器绝缘测定时间 | 3年/次 |
| 4 | 避雷器耐压标准 | DC 2600V,漏电流<1mA,1min |
| 5 | 避雷器绝缘测定时间 | 3年/次 |
| 6 | 避雷器基本寿命 | 20年 |
| 7 | 避雷器绝缘子数量 | 1个/台 |
| 8 | 升弓时间(弓头离开止挡到最大工作高度) | 7s±1s |
| 9 | 降弓时间(最大工作高度到弓头落到止挡位置) | 7s±1s |
| 10 | 碳滑条工作部分长度 | 800mm×60mm×22mm |

## 三、避雷器工作原理

避雷器绝缘子内部为金属氧化物电阻,有很强的非线性特点,这种电阻具有曲率极大的电流电压特征曲线,正常持续电压下所流过的漏电电流小于 1mA。当出现雷电或者操作过电压时,电阻就会导通,使得浪涌电流能够流入大地。当出现开关过电压时,浪涌电流可达 500A;当出现雷电过电压时,浪涌电流可达 10kA。

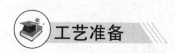

## 一、避雷器拆卸

注:(1)避雷器安装时不得手提上部连杆(图2-8)。
（2）避雷器拆卸后,对接线端子部位进行防护。

图2-8 避雷器安装时不得手提上部连杆

避雷器拆卸内容及要求见表2-34。

**避雷器拆卸内容及要求** 表2-34

| 序号 | 拆卸内容及要求 | 图示 |
| --- | --- | --- |
| 1 | 避雷器上部端子拆卸:拆卸避雷器上部主接线端子连接的1颗M6×20螺栓,取出六角螺母、弹簧垫圈、平垫圈,分离主接线端子与避雷器 | |

续上表

| 序号 | 拆卸内容及要求 | 图示 |
|---|---|---|
| 2 | 避雷器下部搭铁线拆卸：拆卸避雷器下部搭铁线固定的1颗M6×20螺栓，取出六角螺母、弹簧垫圈、平垫圈，分离搭铁线与避雷器连接端 | |
| 3 | 避雷器安装螺栓拆卸：拆卸避雷器下部固定的4颗M12×35螺栓、取出螺母、弹簧垫圈、平垫圈，分离避雷器与安装板 | |
| 4 | 保护罩拆卸：拆卸避雷器保护罩下部固定的4颗M10×20螺栓，取出保护罩 | |

## 二、避雷器清洁

注：(1) 避雷器外壳可用中性清洁剂或者清水清洁，清洁完毕后及时吹干，避免生锈。

(2) 绝缘子用酒精或白棉布进行清洁，避免腐蚀。

避雷器清洁内容及要求见表2-35。

避雷器清洁内容及要求　　　　　表2-35

| 序号 | 清洁内容及要求 | 图示 |
| --- | --- | --- |
| 1 | 避雷器外壳清洁：用中性清洁剂清洁避雷器外壳，要求表面无浮灰 | |
| 2 | 绝缘子清洁：用酒精清洁避雷器绝缘子内外，要求外面干净无灰尘、露出绝缘子本色 | |

## 三、避雷器检修

**注**：绝缘子检查时注意防护，避免磕碰。

避雷器检修内容及要求见表2-36。

避雷器检修内容及要求　　　　　表2-36

| 序号 | 检修内容及要求 | 图示 |
| --- | --- | --- |
| 1 | 避雷器绝缘子无裂纹、破损、变色，避雷器触发装置无缺失 | |
| 2 | 保护罩及附件检查：保护罩无变形、锁扣功能正常，上部连接端子无松脱 | |

## 四、避雷器测试

**注**:(1)耐压操作者必须戴绝缘手套、穿绝缘靴(图2-9),耐压测试前应将避雷器放置在绝缘台。

(2)绝缘电阻和耐压漏电流测试期间,禁止触碰设备。

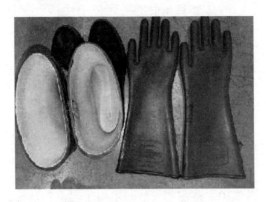

图2-9 绝缘手套、绝缘靴

避雷器测试内容及要求见表2-37。

避雷器测试内容及要求　　　　　　　　　表2-37

| 序号 | 测试内容及要求 | 图示 |
| --- | --- | --- |
| 1 | 避雷器绝缘电阻测试:用绝缘电阻测试仪或摇表,将黑表笔夹在避雷绝缘子下部导电处,红表笔夹在避雷器上部连接端子处,在DC 1000V电压下测得绝缘子上下部的绝缘值>200MΩ | |
| 2 | 避雷器耐压测试:用耐压漏电流测试仪测试避雷绝缘子的耐高压性能,将黑表笔夹在避雷绝缘子下部导电处,红表笔夹在避雷器上部连接端子处,在DC 2600V电压下持续1min,耐压漏电流值<1mA | |

## 五、避雷器安装

**注**:(1)避雷器安装时不得手提上部连杆(图2-10)。
（2）避雷器安装中螺栓紧固均按照力矩要求执行。

图2-10 避雷器安装时不得手提上部连杆

避雷器安装内容及要求见表2-38。

避雷器安装内容及要求　　　　表2-38

| 序号 | 安装内容及要求 | 图示 |
| --- | --- | --- |
| 1 | 避雷器外壳安装：将外罩套在避雷器绝缘上，安装M10安装螺栓，以力矩44N·m划防松线 | |
| 2 | 避雷器主体安装：安装避雷器底座M12固定螺栓，以力矩74N·m划防松线 | |
| 3 | 避雷器接线安装：安装避雷器上端子连接线M6固定螺栓，以力矩8N·m划防松线；安装避雷器下部地线M6固定螺栓，以力矩8N·m划防松线 | |

 信息收集

我们的任务是：_____

_____

为了顺利完成本任务，请完成以下信息收集（表2-39）。

信息收集　　　　　　　　　　　　　　　　表2-39

| 序号 | 信息类别 | 相关要求 | 是否完成 |
|---|---|---|---|
| 1 | 作业条件 | 绝缘工作台 | □是　□否 |
|  |  | AC 220V、50Hz 电源 | □是　□否 |
| 2 | 人员要求 | 穿戴劳保鞋、安全帽 | □是　□否 |
|  |  | 穿戴防护服、防护手套、绝缘手套 | □是　□否 |
| 3 | 注意事项 | 避雷器主体清洁不得使用酸性清洁剂 | □是　□否 |
|  |  | 避雷器拆卸中不得手提上部连杆 | □是　□否 |
|  |  | 绝缘电阻级耐压测试期间，禁止触碰设备，戴好绝缘手套 | □是　□否 |
|  |  | 作业后出清现场物料 | □是　□否 |
| 4 | 作业关键点 | 避雷器绝缘子外观无裂纹、破损 | □是　□否 |
|  |  | 保护壳无变形 | □是　□否 |
|  |  | 避雷器缓冲块无丢失 | □是　□否 |
|  |  | 绝缘电阻、耐压测试符合要求 | □是　□否 |
|  |  | 测试完及时恢复设备状态 | □是　□否 |

情况说明：

确认签字：　　　　年　月　日

 制订计划

（1）根据检修任务要求制订检修计划，并描述作业关键点（表2-40）。

检修计划  表2-40

| 序号 | 作业流程 | 作业关键点 |
|---|---|---|
| 1 | 拆卸 | |
| 2 | 清洁 | |
| 3 | 检修 | |
| 4 | 测试 | |
| 5 | 安装 | |

审核意见:

确认签字:　　　年　月　日

(2)根据检修计划做好作业前的准备工作(表2-41)。

检测设备、工器具、物料、劳保用品  表2-41

| 序号 | 名称 | 数量 | 清点 |
|---|---|---|---|
| 1 | 10mm 棘开扳手、套筒 | 各1个 | □已清点 |
| 2 | 17mm 棘开扳手、套筒 | 各1个 | □已清点 |
| 3 | 19mm 棘开扳手、套筒 | 各1个 | □已清点 |
| 4 | 扭力扳手 0~100N·m | 1把 | □已清点 |
| 5 | 耐压漏电流测试仪 | 1个 | □已清点 |
| 6 | 绝缘电阻测试仪 | 1个 | □已清点 |
| 7 | 75%酒精 | 1瓶 | □已清点 |
| 8 | 抹布 | 0.5m | □已清点 |
| 9 | 导电脂 | 50g | □已清点 |
| 10 | 毛刷 | 1把 | □已清点 |
| 11 | 红、黑划线笔 | 各1支 | □已清点 |

情况说明:

确认签字:　　　年　月　日

(3)根据检修计划,完成小组分工及作业安全预想(表2-42)。

## 小组分工  表 2-42

| 作业人 | | 互控人 | |
|---|---|---|---|
| 作业安全预想 ||||
| 作业前 ||||
| 作业中 ||||
| 作业后 ||||

# 任务实施

## 一、作业条件确认(表 2-43)

作业条件确认  表 2-43

| 图示 | 条件要求 | 实施情况 |
|---|---|---|
|  | 电客车断电已超 3min | □是 □否 |
|  | 接触网断电已设搭铁线 | □是 □否 |
|  | 电客车禁动牌已设置 | □是 □否 |
|  | AC 220V 50Hz 电源 | □是 □否 |

## 二、避雷器拆卸（表2-44）

避雷器拆卸任务实施　　　　　表2-44

| 图示 | 清洁要求 | 实施情况 |
|---|---|---|
|  | 拆卸避雷器上端子连接线M6固定螺栓，分离接线 | □是　□否 |
|  | 拆卸避雷器下部搭铁线M6×20固定螺栓，分离接线 | □是　□否 |
|  | 拆卸避雷器底座M12固定螺栓，从车顶取下避雷器 | □是　□否 |

## 三、避雷器清洁(表 2-45)

**避雷器清洁任务实施**　　　　　　　　　表 2-45

| 图示 | 清洁要求 | 实施情况 |
|---|---|---|
| | 拆卸避雷器保护罩 M10 固定螺栓，从避雷器上取下保护罩 | □是　□否 |
| | 抹布蘸酒精 | □是　□否 |
| | 清洁避雷器整体外观 | □是　□否 |
| | 清洁绝缘子 | □是　□否 |
| | 清洁上端子及下部搭铁线连接端子 | □是　□否 |
| | 清洁均满足：表面无油污、灰尘等异物、螺栓划线清晰 | □是　□否 |

## 四、避雷器检修(表2-46)

避雷器检修任务实施　　　　　　　　　表2-46

| 图示 | 检修要求 | 实施情况 |
|---|---|---|
| (避雷器) | 绝缘子无裂纹、破损 | □是　□否 |
| | 保护壳无变形 | □是　□否 |
| (避雷器块) | 避雷器缓冲块无丢失 | □是　□否 |
| | 线缆外皮无裂纹、损伤、变色 | □是　□否 |
| (避雷器保护罩) | 避雷器外罩安装:将外罩套在避雷器绝缘上,安装M10安装螺栓,以力矩44N·m划防松线 | □是　□否 |

## 五、避雷器测试(表2-47)

避雷器测试任务实施　　　　　　　　　表2-47

| 序号 | 内容 | 图示 | 测试要求 | 实施情况 |
|---|---|---|---|---|
| 1 | 绝缘电阻测试 | (图) | 绝缘电阻测试要求DC 1000V、≥10s、绝缘阻值>200MΩ | □是　□否 |

续上表

| 序号 | 内容 | 图示 | 测试要求 | 实施情况 |
|---|---|---|---|---|
| 2 | 耐压漏电流测试 | | 耐压漏电流测试要求 DC 2600V、1min、漏电流＜1mA | □是 □否 |

## 六、避雷器安装(表2-48)

避雷器安装任务实施　　　　表2-48

| 图示 | 清洁要求 | 实施情况 |
|---|---|---|
| 不要挂抬起端子 | 安装避雷器底座M12固定螺栓,以力矩74N·m划防松线 | □是 □否 |
| 避雷器固定螺母 | 安装避雷器上端子连接线M6固定螺栓,以力矩8N·m划防松线 | □是 □否 |
| 上部连接 下部地线 | 安装避雷器下部搭铁线M6固定螺栓,以力矩8N·m划防松线 | □是 □否 |

 检查控制

根据避雷器检修计划及实施情况,指导老师对作业质量进行检查和评价(表2-49)。

**任务学习情况检查评价表** 表2-49

| 序号 | 检查内容 | 检查结果 |
|---|---|---|
| 1 | 避雷器安装符合力矩要求,力矩校验可用80%力进行 | □是 □否 |
| 2 | 避雷器外观及各部件清洁符合清洁要求 | □是 □否 |
| 3 | 避雷器检修无漏项、符合检修要求 | □是 □否 |
| 4 | 绝缘电阻、耐压漏电流符合测试要求 | □是 □否 |
| 存在问题: | | |
| 整改意见: | | |
| | 确认签字: | 年 月 日 |

评价反馈

(1)指导老师根据任务实施情况,对完成的工作量进行检查统计(表2-50)。

**任务实施完成情况表** 表2-50

| 序号 | 作业分类 | 作业内容 | 完成结果 |
|---|---|---|---|
| 1 | 作业条件确认 | 状态确认 | □是 □否 |
| 2 | | 上端子 | □是 □否 |
| 3 | 避雷器拆卸 | 下部搭铁线 | □是 □否 |
| 4 | | 避雷器整体固定螺栓 | □是 □否 |
| 5 | | 外罩拆卸 | □是 □否 |
| 6 | 避雷器清洁 | 外罩 | □是 □否 |
| 7 | | 绝缘子 | □是 □否 |

续上表

| 序号 | 作业分类 | 作业内容 | 完成结果 |
|---|---|---|---|
| 8 | 避雷器检修 | 绝缘子 | □是 □否 |
| 9 | | 外罩 | □是 □否 |
| 10 | | 避雷块 | □是 □否 |
| 11 | | 线缆、端子及附件 | □是 □否 |
| 12 | 避雷器测试 | 绝缘电阻 | □是 □否 |
| 13 | | 耐压漏电流 | □是 □否 |
| 14 | 避雷器安装 | 上端子 | □是 □否 |
| 15 | | 下部搭铁线 | □是 □否 |
| 16 | | 避雷器整体固定螺栓 | □是 □否 |
| 17 | | 外罩拆卸 | □是 □否 |

存在问题：

整改意见：

确认签字：　　　　　年　月　日

(2)根据任务实施情况，小组人员进行自我评价，指导老师对作业人员表现进行综合评价。

①作业人员评价：_____

②互控人员评价：_____

③指导老师评价：_____

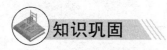知识巩固

一、填空题

(1)避雷器 M12 安装螺栓力矩为_____N·m,保护罩 M10 安装螺栓力矩为_____N·m。

(2)登陆车顶拆卸避雷器前应确认电客车已断电、_____,禁动牌已设置。

(3)避雷器上端子和搭铁线 M8 安装螺栓为_____N·m。

(4)避雷器绝缘电阻测试时要求电压为_____V,绝缘电阻值为_____MΩ。

(5)避雷器耐压漏电流测试时要求电压_____V,漏电为_____1mA。

二、简答题

(1)避雷器的定义是什么?

(2)避雷器的工作原理是什么?

(3)避雷器的构造都包含哪些?

(4)避雷器的清洁内容及要求都有哪些?

(5)避雷器的检修内容及要求都有哪些?

# 项目三　城市轨道交通车辆牵引系统设备检修

电客车牵引系统设备一般包括控制列车运行司机控制器,控制牵引电动机与电制动牵引逆变器,吸收无法反馈至接触网的电能并将其转换为热能的制动电阻箱,以及为电客车提供动力的牵引电动机。牵引系统设备的检修目的是使设备能够安全可靠地持续工作。本项目学习任务为:任务一,司机控制器检修;任务二,牵引逆变器设备检修;任务三,制动电阻箱检修;任务四,牵引电动机检修;任务五,高速断路器检修。

## 任务一　司机控制器检修

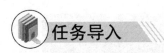

某地铁公司检修车间定修班班长,当日收到检修调度派发的 0315 电客车年检生产任务后,班长将司机控制器年检生产任务派发给班组×××员工。×××收到任务后进行作业前准备工作。

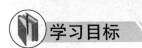

1. 知识目标
◆能口述司机控制器原理及功能;
※能口述司机控制器检查及试验步骤。
2. 技能目标
※能在实训现场或利用情景演示,口述或手动完成司机控制器检修作业;
◆能发现他人在操作司机控制器检修流程中存在的问题。
注:※学习难点;◆学习重点。

 知识储备

## 一、司机控制器定义及结构组成

1. 司机控制器

司机控制器是安装在司机台上的主令电器,用来控制列车的运用工况和行车速度,一般包含司机台激活、控制列车运行方向、牵引及制动等功能。

2. 司机控制器结构组成

一列6辆编组的电客车,分别以1辆拖车(Tc车)加2辆动车(M车)组成一个单元。司机控制器一般设置在每个单元的司机操作台中,由于司机控制器型号不同,在结构、控制原理也存在一定差异,本书以西安沙尔特宝S353 CC.970型司机控制器的结构进行介绍,其主要结构可参考司机控制器实物图(图3-1)、结构图(图3-2)。

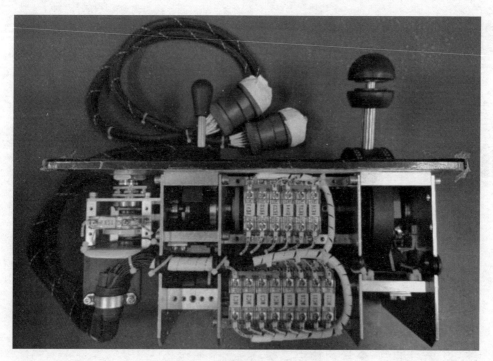

图3-1 司机控制器实物图

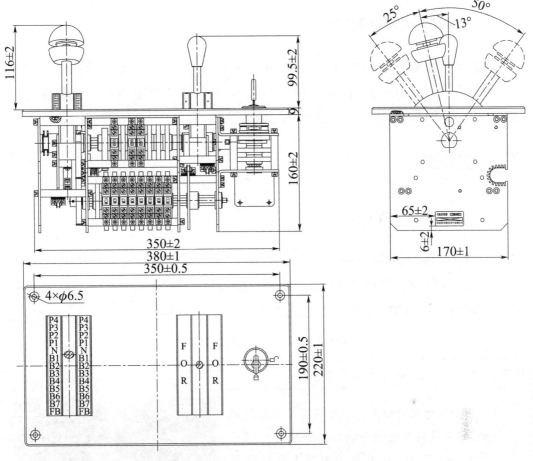

图 3-2 司机控制器结构图(尺寸单位:mm)

## 二、司机控制器相关技术参数

司机控制器相关技术参数见表3-1。

司机控制器相关技术参数　　　　　　　　　表3-1

| 序号 | 名称 | 技术标准 |
| --- | --- | --- |
| 1 | 额定电压 | DC 110V |
| 2 | 发热电流 | DC 10A |
| 3 | 额定电流 | DC 1A |
| 4 | 主控手柄操作力 | FB-B7 15~25N, B7-P4 12~22N |
| 5 | 换向手柄操作力 | 8~15N |
| 6 | 警惕按钮操作力 | 7~13N |
| 7 | 质量 | 14kg |

## 三、司机控制器原理

司机控制器本质为操作机构带动凸轮触发行程开关,行程开关相互配合输出不同的信号,传输给列车控制牵引、制动,即操作机构的转动带动凸轮组转动,凸轮组转动进而接通、断开行程开关组,以输出信号。

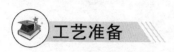

## 工艺准备

### 一、司机控制器拆卸

**注:**(1)司机控制器拆卸行程开关前,需对司机控制器接线及位置进行记录。

(2)滚轮弹片组件有四层,拆卸时注意。

司机控制器拆卸内容及要求见表3-2。

司机控制器拆卸内容及要求　　　　　　　表3-2

| 序号 | 拆卸内容及要求 | 图示 |
|---|---|---|
| 1 | 用十字螺丝刀松开所有行程开关的接线螺钉,将导线从开关上拆卸。松开所有行程开关的安装螺钉,从司机控制器上取下行程开关 | |
| 2 | 用内六角扳手拆卸3套滚轮弹片组件两颗螺栓,取下滚轮弹片组件 | |

### 二、司机控制器清洁

**注:**(1)清洁行程开关时仅清洁接线处及外部,不可使液体流入行程开关内部。

(2)行程开关及滚轮弹片组件需逐个进行检查。

司机控制器清洁内容及要求见表3-3。

司机控制器清洁内容及要求　　　　　表 3-3

| 序号 | 清洁内容及要求 | 图示 |
|---|---|---|
| 1 | 使用酒精清洁司机控制器整体、行程开关及滚轮弹片组件 | |
| 2 | 逐个按压行程开关,要求灵活无卡滞、无裂纹、内部触点无烧蚀、外部接线处无烧蚀、滚轮无偏磨 | |
| 3 | 逐个检查滚轮弹片组件,要求无变形、无裂纹、无破损、有金属光泽,手动进行轻微弯折,应回弹有力,滚轮无偏磨,转动灵活 | |

## 三、司机控制器安装

**注:**(1)行程开关安装时,注意滚轮方向,短连片安装到位。

(2)行程开关安装时,确保主控及方向手柄在各级位动作时行程开关触发到位。

(3)行程开关安装完毕后,将导线安装至原位。

(4)滚轮弹片组件按照原位、层数安装。

司机控制器安装内容及要求见表 3-4。

司机控制器安装内容及要求　　　　　　　表 3-4

| 序号 | 安装内容及要求 | 图示 |
|---|---|---|
| 1 | 将滚轮弹片组件按照位置、层数安装至安装孔,确保滚轮与齿轮完全啮合且滚轮槽与齿轮两侧无挤压后,固定两颗内六角螺栓,紧固力矩 2.5N·m | |
| 2 | 将行程开关放置到原位后,用十字螺丝刀紧固安装螺栓,紧固力矩 0.8N·m,将短连片放置原位,按照导线记录位置安装线缆,紧固力矩 0.8N·m | |

## 四、司机控制器润滑

**注**:司机控制器润滑,仅可使用锂基润滑脂。

司机控制器润滑内容及要求见表 3-5。

司机控制器润滑内容及要求　　　　　　　表 3-5

| 润滑内容及要求 | 图示 |
|---|---|
| 在机械联锁处、齿轮啮合处、3 个滚轮弹片组件滚轮表面、方向滚轮侧凸轮表面及弹簧表面、级位滚轮齿轮啮合处、钥匙转轴表面均匀少量涂抹锂基润滑脂 | |

## 五、司机控制器检查

**注**:司机控制器检查需要在无电状态下进行。

司机控制器检查内容及要求见表 3-6。

司机控制器检查内容及要求　　　　　　　　　　　　　　　　表 3-6

| 序号 | 检查内容及要求 | 图示 |
| --- | --- | --- |
| 1 | 检查司机控制器各部件外观状态。检查方向手柄、主控手柄及安装座,应无变形、安装牢固;检查面板外观,应无变形、无裂纹,铭牌及标识符齐全、清晰;检查凸轮表面,应无掉块及损伤;检查各机械紧固件,应部件齐全、紧固状态良好;检查钥匙旋转锁,应活动灵活,顶丝紧固;电气线缆完好正常;插头插针无缩针、退针、弯曲现象 | |
| 2 | 检查司机控制器相互机械联锁。当机械锁打开时,钥匙不能拔出;当机械锁关闭时,钥匙可拔出。当机械锁打开时,方向选择手柄可在"F""0""R"位之间转动;当机械锁关闭时,方向选择手柄被锁在"0"位。方向选择手柄不在"0"位时,锁不能关闭。方向选择手柄在"F"或"R"位时,主手柄可离开"N"位并推动到任意位置。方向选择手柄在"0"位时,主手柄被锁在"N"位。主手柄在"N"位时,方向选择手柄可在"F""0""R"位之间转动。主手柄在非"N"位时,方向选择手柄被锁在"F"或"R"位 | |

续上表

| 序号 | 检查内容及要求 | 图示 |
|---|---|---|
| 3 | 检查司机控制器动作,先打开机械锁使其处于"ON"位,由方向手柄选定行车方向为"F"或"R",操作主控手柄在各个级位"FB—B7—B6—B5—B4—B3—B2—B1—N—P1—P2—P3—P4"之间动作。如需要改变行进方向时,必须将主控手柄放回"N"位后,方可进行方向选择手柄的操作。操作完毕必须将司机控制器的主手柄置"N"位,且方向选择手柄置"0"位,锁闭机械锁使其处于"OFF"位,才能拔出钥匙。在操作过程中,确认控制手柄、换向手柄在各个挡位之间转动灵活,手柄在每个挡位均有定位,无机械卡阻,相邻两个挡位之间不应出现卡滞现象。控制手柄被锁定在"N"位时,控制手柄往前及往后转动时均应有少量间隙;换向手柄被锁定在"0"位时,换向手柄往前及往后转动时均应有少量间隙。检查各行程开关的动作。操作控制/换向手柄,在控制/换向手柄各挡位的相应位置应检查各行程开关的可靠接通或可靠断开。可靠接通时,行程开关的滚轮应完全在凸轮的开口槽里,即行程开关的滚轮应与凸轮槽的两侧面保持间隙;可靠断开时,行程开关的滚轮应完全由凸轮的外边缘压下,与凸轮槽的两侧面无接触 | |

## 六、司机控制器测试

**注**:(1)万用表使用前应先检查仪表及表笔外观状态,确保仪表外壳无松动、破损,表笔线缆外皮无破损、金属无裸露。

(2)耐压测试仪使用前须熟悉该设备各项性能及操作要求,操作者脚下垫有绝缘橡皮垫,戴绝缘手套,以防高压电击造成生命危险。

(3)低电阻测试仪使用前需归零,以免造成测量误差。

(4)绝缘电阻测试过程中,严禁触碰设备,谨防触电危险。

司机控制器测试内容及要求见表3-7。

司机控制器测试内容及要求　　　　　　表3-7

| 序号 | 测试内容及要求 | 图示 |
|---|---|---|
| 1 | 使用低电阻测试仪测量每个行程开关的触点电阻,测量时,表笔应与触头紧密接触,触点电阻要求<100mΩ | |
| 2 | 将司机控制器的电缆插头与试验台插针相连接,启动检测程序,对触头的闭合性能进行测量。要求主控手柄、方向手柄、钥匙开关在每个状态下触发信号均正常 | |
| 3 | 使用插座将司机控制器所有插针短连,使用绝缘电阻测试仪测试司机控制器外壳与导电部位的绝缘电阻,红表笔夹在插头短连一侧,黑表笔夹在司机控制器外壳金属部位,要求 DC 500V 条件下,绝缘电阻>10MΩ | |
| 4 | 使用插座将司机控制器所有插针短连,使用耐压测试仪测试司机控制器外壳与导电部位的漏电流,红表笔夹在插头短连一侧,黑表笔夹在司机控制器外壳金属部位,施加50Hz、1500V的正弦交流电。持续1min,漏电流<10mA | |

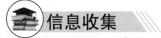
信息收集

我们的任务是：_____

_____

为了顺利完成本任务,请完成以下信息收集(表3-8)。

信息收集　　　　　　　　　　　　　　　表3-8

| 序号 | 信息类别 | 相关要求 | 是否完成 |
|---|---|---|---|
| 1 | 作业条件 | 绝缘工作台 | □是　□否 |
| 2 | 人员要求 | 穿戴劳保鞋、安全帽 | □是　□否 |
| | | 穿戴防护服、防护手套、绝缘手套 | □是　□否 |
| 3 | 注意事项 | 当机械锁、主手柄及方向选择手柄处于联锁状态时,请不要用力扳动手柄,否则会损坏联锁装置 | □是　□否 |
| | | 绝缘电阻测试、耐压测试过程中,严禁触碰 | □是　□否 |
| | | 拆卸行程开关时,注意短连片的位置 | □是　□否 |
| | | 拆卸行程开关前,需对线号接线进行拍照及记录,谨防错误接线 | □是　□否 |
| | | 搬运司机控制器严禁拿持手柄等可转动部位 | □是　□否 |
| | | 作业后出清现场物料 | □是　□否 |
| 4 | 作业关键点 | 行程开关共27个、滚轮弹片组件共3组,应完全更换,严禁漏装 | □是　□否 |
| | | 滚轮组片安装时确保滚轮与齿轮贴合,且滚轮槽与齿轮两侧无挤压 | □是　□否 |
| | | 力矩需准确无误,互控人员校验 | □是　□否 |
| | | 锂基脂润滑机械活动部位时,需均匀、少量涂抹,不可附带涂抹至其余部位 | □是　□否 |
| | | 检查手柄动作时,需匀速缓慢逐级进行检查 | □是　□否 |
| | | 行程开关触点电阻测量前,可将两夹钳连接,进行归零,以消除实验仪器对触点电阻阻值测量的影响 | □是　□否 |
| | | 测试完及时恢复设备状态 | □是　□否 |

情况说明:

确认签字:　　　　　年　月　日

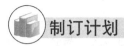 **制订计划**

(1) 根据检修任务要求制订检修计划,并描述作业关键点(表3-9)。

检修计划　　　　　　　　　　　　　　　　　　　　表3-9

| 序号 | 作业流程 | 作业关键点 |
|---|---|---|
| 1 | 拆卸 | |
| 2 | 清洁 | |
| 3 | 安装 | |
| 4 | 润滑 | |
| 5 | 检查 | |
| 6 | 测试 | |

审核意见:

　　　　　　　　　　　　　　确认签字:　　　年　月　日

(2) 根据检修计划做好作业前的准备工作(表3-10)。

检测设备、工器具、物料、劳保用品　　　　　　　表3-10

| 序号 | 名称 | 数量 | 清点 |
|---|---|---|---|
| 1 | 手套 | 2只 | □已清点 |
| 2 | 微型螺丝批组套 | 1套 | □已清点 |
| 3 | 尖嘴钳 | 1个 | □已清点 |
| 4 | 斜口钳 | 1个 | □已清点 |
| 5 | 内六角扳手组套 | 1套 | □已清点 |
| 6 | 75%酒精 | 1瓶 | □已清点 |
| 7 | 抹布 | 0.5m | □已清点 |
| 8 | 司机控制器钥匙 | 1个 | □已清点 |
| 9 | 十字螺丝刀 | 1个 | □已清点 |
| 10 | 绝缘电阻测试仪 | 1个 | □已清点 |
| 11 | 耐压测试仪 | 1个 | □已清点 |
| 12 | 万用表 | 1个 | □已清点 |
| 13 | 38件套套筒组套 | 1套 | □已清点 |
| 14 | 红、黑划线笔 | 各1支 | □已清点 |

续上表

| 序号 | 名称 | 数量 | 清点 |
|---|---|---|---|
| 15 | 锂基脂 | 1桶 | □已清点 |
| 16 | 工业橡皮擦 | 1个 | □已清点 |
| 17 | 扭力螺丝刀 | 1个 | □已清点 |
| 情况说明： | | | |
| | | 确认签字： | 年　月　日 |

(3)根据检修计划,完成小组分工及作业安全预想(表3-11)。

小组分工　　　　　　　　　　　　　　　　表3-11

| 作业人 | | 互控人 | |
|---|---|---|---|
| 作业安全预想 ||||
| 作业前 ||||
| 作业中 ||||
| 作业后 ||||

## 任务实施

### 一、作业条件确认(表3-12)

作业条件确认　　　　　　　　　　　　　　表3-12

| 图示 | 条件要求 | 实施情况 |
|---|---|---|
|  | 司机控制器平稳、可靠地放置在绝缘工作台上 | □是　□否 |

## 二、司机控制器拆卸(表3-13)

司机控制器拆卸任务实施　　　　　　　　　表3-13

| 图示 | 拆卸要求 | 实施情况 |
|---|---|---|
| | 拆卸行程开关上的导线 | □是　□否 |
| | 拆卸行程开关 | □是　□否 |
| | 拆卸滚轮弹片组件 | □是　□否 |

## 三、司机控制器清洁(表3-14)

司机控制器清洁任务实施　　　　　　　　　表3-14

| 图示 | 清洁要求 | 实施情况 |
|---|---|---|
| | 抹布蘸取酒精 | □是　□否 |
| | 清洁司机控制器整体、行程开关及滚轮弹片组件 | □是　□否 |
| | 检查清洁完成的行程开关 | □是　□否 |
| | 要求动作灵活无卡滞、外观良好 | □是　□否 |
| | 检查清洁完成的滚轮弹片组件 | □是　□否 |
| | 要求无变形、无裂纹、外观良好 | □是　□否 |
| | 表面清洁、螺栓划线清晰 | □是　□否 |

## 四、司机控制器安装(表3-15)

**司机控制器安装任务实施** 表3-15

| 图示 | 安装要求 | 实施情况 |
|---|---|---|
|  | 安装滚轮弹片组件至安装孔 | □是 □否 |
|  | 确保滚轮与齿轮完全啮合,M3 螺栓以力矩2.5N·m划防松线 | □是 □否 |
|  | 安装行程开关至安装孔,并连接导线 | □是 □否 |
|  | 确保导线位置正确无误,M2 螺栓以力矩0.8N·m划防松线 | □是 □否 |

## 五、司机控制器润滑(表3-16)

**司机控制器润滑任务实施** 表3-16

| 图示 | 润滑要求 | 实施情况 |
|---|---|---|
|  | 锂基润滑脂 | □是 □否 |
|  | 润滑机械联锁处、齿轮啮合处 | □是 □否 |
|  | 润滑均匀、不拉丝 | □是 □否 |

## 六、司机控制器检查(表3-17)

**司机控制器检查任务实施**　　　　　　　　　　　　表3-17

| 图示 | 检查要求 | 实施情况 |
|---|---|---|
| | 检查司机控制器各部件外观状态 | □是　□否 |
| | 要求所有紧固状态正常、无变形、无裂纹 | □是　□否 |
| | 检查机械联锁 | □是　□否 |
| | 要求主控手柄、方向手柄及机械锁之间存在机械联锁关系 | □是　□否 |
| | 检查钥匙锁、方向手柄、主控手柄 | □是　□否 |
| | 要求动作灵活无卡滞、每个级位均有定位 | □是　□否 |

## 七、司机控制器试验(表3-18)

**司机控制器试验任务实施**　　　　　　　　　　　　表3-18

| 图示 | 试验要求 | 实施情况 |
|---|---|---|
| | 测量所有行程开关的触点接触电阻 | □是　□否 |
| | 阻值要求<100mΩ | □是　□否 |
| | 试验司机控制器的闭合表 | □是　□否 |
| | 要求逻辑信号输出正常 | □是　□否 |
| | 使用绝缘电阻测试仪测试司机控制器外壳与导电部位之间的绝缘电阻,黑夹钳夹至司机控制器外壳金属部位,红夹钳夹至插头短连线一侧 | □是　□否 |
| | DC 500V,绝缘阻值>10MΩ | □是　□否 |

续上表

| 图示 | 试验要求 | 实施情况 |
|---|---|---|
|  | 使用耐压测试仪测试司机控制器外壳与导电部位之间的漏电流,黑夹钳夹至司机控制器外壳金属部位,红夹钳夹至插头短连线一侧 | □是　□否 |
|  | 50Hz、1500V 的正弦波交流电,持续1min,漏电流<10mA | □是　□否 |

### 检查控制

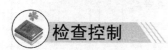

根据司机控制器检修计划及实施情况,指导老师对作业质量进行检查和评价(表3-19)。

**任务学习情况检查评价表**　　　　　　　　　　　　表3-19

| 序号 | 检查内容 | 检查结果 |
|---|---|---|
| 1 | 行程开关、滚轮弹片组件是否完全拆卸 | □是　□否 |
| 2 | 司机控制器所有部位是否清洁彻底 | □是　□否 |
| 3 | 行程开关、滚轮弹片组件是否按要求安装 | □是　□否 |
| 4 | 机械联锁处、齿轮啮合处润滑是否良好 | □是　□否 |
| 5 | 司机控制器外观状态、紧固状态、机械联锁、操作机构动作是否检查正常 | □是　□否 |
| 6 | 行程开关触头阻值、司机控制器输出信号、绝缘值、漏电流是否正常 | □是　□否 |
| 存在问题: | | |
| 整改意见: | | |
| | 确认签字:　　　　年　月　日 | |

# 评价反馈

（1）指导老师根据任务实施情况，对完成的工作量进行检查统计（表3-20）。

**任务实施完成情况表**　　　　　　　　　　　　表3-20

| 序号 | 作业分类 | 作业内容 | 完成结果 |
|---|---|---|---|
| 1 | 作业条件确认 | 状态确认 | □是　□否 |
| 2 | 司机控制器拆卸 | 行程开关拆卸、滚轮弹片组件拆卸 | □是　□否 |
| 3 | 司机控制器清洁 | 行程开关、滚轮弹片组件、司机控制器整体清洁 | □是　□否 |
| 4 | 司机控制器安装 | 行程开关、滚轮弹片组件安装 | □是　□否 |
| 5 | 司机控制器润滑 | 机械活动部位润滑 | □是　□否 |
| 6 | 司机控制器检查 | 司机控制器外观、机械联锁、手柄动作检查 | □是　□否 |
| 7 | 司机控制器测试 | 触点电阻、闭合表、绝缘电阻、漏电流测试 | □是　□否 |

存在问题：

整改意见：

　　　　　　　　　　　　　　　　　　确认签字：　　　　年　月　日

（2）根据任务实施情况，小组人员进行自我评价，指导老师对作业人员表现进行综合评价。

①作业人员评价：_____

②互控人员评价：_____

③指导老师评价：_____

 知识巩固

一、填空题

（1）司机控制器本质为操作机构带动凸轮触发_____，并相互配合输出不同的信号，传输给列车使其牵引、制动。

（2）滚轮弹片组件 M3 螺栓紧固力矩为_____。

（3）行程开关的触点电阻，要求小于_____。

（4）搬运司机控制器严禁拿持_____等可转动部位。

（5）司机控制器导电部位与外壳之间的绝缘电阻，要求在_____条件下，绝缘值＞_____。

二、简答题

（1）简述司机控制器的原理。

（2）简述司机控制器拆卸的部件及方法。

（3）司机控制器的机械联锁是什么？

（4）简述司机控制器的检查要点。

（5）司机控制器测试的项目有哪些？

# 任务二　牵引逆变器设备检修

 任务导入

某地铁公司大修车间电气班班长，当日收到生产调度派发的0309电客车架修生产任务后，班长将牵引逆变器架修生产任务派发给班组×××员工，×××收到任务后进行作业前准备工作。

学习目标

1. 知识目标

◆能口述牵引逆变器设备定义和作用；

※能口述牵引逆变器设备测试作业方法及标准。

2. 技能目标

※能在实训现场或利用情景演示,口述或手动完成牵引逆变器设备检修作业;

◆能发现他人在执行牵引逆变器设备检修流程中存在的问题。

注:※学习难点;◆学习重点。

# 知识储备

## 一、牵引逆变器设备定义及结构组成

1. 牵引逆变器定义

牵引逆变器是一种具备变频变压的设备,目前轨道行业制造牵引系统的厂家主要有日立、阿尔斯通、株洲时代、西门子等,本任务就以日立的牵引逆变器为例进行介绍。牵引逆变器称为 VVVF,是指将接触网引入的 DC 1500V 高压逆变成三相交流电,为每辆车 4 台交流鼠笼式异步牵引电动机提供电源,从而使电客车产生动能,同时在电客车制动时可将发电机产生的电流反馈给接触网。

2. 牵引逆变器设备结构组成

一列 6 辆编组的电客车,一般在中车设有 4 辆或 3 辆动车,每辆动车均装备有一台牵引逆变器,为本车的三相异步电动机提供电源。每台牵引逆变器结构相同,主要组成部分包括控制逻辑部、耐压连接器、控制电路断路器、CT、PT、电磁接触器、充电电阻、HB 投入接触器、HB 经济电阻、搭铁开关、电容、电源模块等,具体部件安装位置可参考实物(图 3-3)、结构图(图 3-4)。

图 3-3 牵引逆变器设备实物

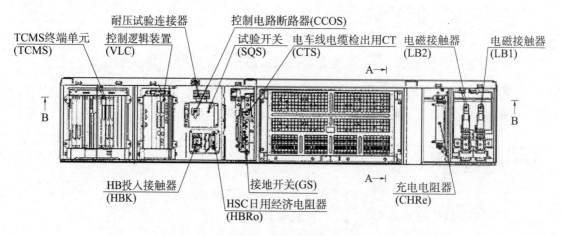

图 3-4 牵引逆变器设备结构

## 二、牵引逆变器设备相关技术参数

牵引逆变器设备相关技术参数见表 3-21。

**牵引逆变器相关技术参数**　　　　　　　　表 3-21

| 序号 | 名称 | 技术参数 |
|---|---|---|
| 1 | 制动电阻 | 2.277Ω(常温 20℃),2.452(高温 470℃) |
| 2 | 滤波电抗器 | 8mH±0.8mH |
| 3 | 滤波电容 | 9600F |
| 4 | 放电电阻 | 500Ω |
| 5 | 充电电阻 | 10Ω |
| 6 | IGBT | 1200A/3300V |
| 7 | 主隔离开关(MS) | 额定电压:1500V,额定电流:1000A |
| 8 | 接地开关(GS) | 额定电压:1500V,额定电流:1000A |
| 9 | 高速断路器(HB) | 额定电流:1000A,额定电压:2000V |

## 三、牵引逆变器设备工作原理

牵引逆变器工作工况一般有 5 种:高压刚投入时为充电工况,可通过充电电阻及滤波器为电容充电;牵引动车时为牵引工况,此时牵引控制 IGBT 门极开始动作,将 DC 1500V 通过逆变器转换成 AC 1100V 的变化电压为三相异步电动机提供电源;在制动时,电动机转为发电机,此时为再生工况;当发电产生的电压过高时,为电阻制动工况,此时制动控制 IGBT 门极开始通过,电阻串入回路,吸收高出的电能,将其转换为热量;在需要对牵引逆变器进行分解检修时,闭合放电回路开关,将电容的电量通过电阻放掉,此时为放电工况。

## 工艺准备

### 一、控制逻辑部检修

**注**:(1)各插头插座在拆装过程中均需注意插针位置,应平行拆装,不可强行拆装,避免插针损坏。

(2)拆装过程中不要碰到基板焊锡面的零件及零件导线,确认电路板和导轨双方名称一致后再进行安装。

控制逻辑部检修内容及要求见表3-22。

控制逻辑部检修内容及要求　　　　表3-22

| 序号 | 检修内容及要求 | 图示 |
|---|---|---|
| 1 | 使用酒精清洁控制逻辑部,要求无浮灰、无污垢,检查控制逻辑部,要求外观正常,各光纤、插头安装到位,无变色、无异味,各插头插针无弯曲、变色、缩针情况 | 控制逻辑部 |
| 2 | 使用酒精清洁控制逻辑部散热风扇,要求无浮灰、无污垢,检查散热风扇,要求转动灵活无卡滞,扇叶无异常活动,各紧固部件紧固正常 | 逻辑部风扇 |

## 二、LB1、LB2 高压接触器检修

**注**：接触器灭弧罩安装时，注意与拆卸前位置相同。

LB1、LB2 高压接触器检修内容及要求见表 3-23。

**LB1、LB2 高压接触器检修内容及要求**　　　　表 3-23

| 序号 | 检修内容及要求 | 图示 |
|---|---|---|
| 1 | 使用酒精清洁接触器整体及灭弧罩，要求无浮灰、无污垢，检查接触器整体及灭弧罩外观无裂纹、无破损，灭弧罩要求内外无变色、无异常烧黑情况 | |
| 2 | 检查主触点磨损情况，触头磨损烧蚀应出现在触头接触面上半部分，若距接触面底端约 7mm 以下出现明显烧蚀，需用 600 号以上砂纸对主触头接触面进行打磨，检查主触头厚度，触头接触面至触头后部凸面最高交线处要求 >3mm | |
| 3 | 检查接触器行程开关，要求外观正常、无裂纹，接触点无烧蚀变色、动作灵活无卡滞，检查接线，紧固状态良好 | |

## 三、HBK 接触器及经济电阻检修

**注**：接触器灭弧罩安装时，注意应与拆卸前位置相同。

HBK 接触器及经济电阻检修内容及要求见表 3-24。

HBK 接触器及经济电阻检修内容及要求    表 3-24

| 序号 | 检修内容及要求 | 图示 |
|---|---|---|
| 1 | 使用酒精清洁接触器整体及经济电阻,要求无灰尘、无污垢,外观无破损、无裂纹、无异常变色 | |
| 2 | 检查 HBK 灭弧罩,要求内外无变色、无异常烧黑情况 | |
| 3 | 检查接触器主触头,要求无碳化、缺损、严重烧蚀情况,主触头厚度>3mm,检查接线状态应良好、紧固,辅助触点接线紧固、无烧蚀变色 | |

## 四、传感器检修

**注**:传感器检修过程中,注意佩戴防静电手环。

传感器检修内容及要求见表 3-25。

传感器检修内容及要求    表 3-25

| 序号 | 检修内容及要求 | 图示 |
|---|---|---|
| 1 | 清洁电压传感器及电流传感器,要求无灰尘、无污垢 | |

续上表

| 序号 | 检修内容及要求 | 图示 |
|---|---|---|
| 2 | 检查电压传感器及电流传感器,要求板件无烧蚀、无变色,元件无虚焊、脱焊情况,连接线缆紧固状态正常 | |

## 五、牵引逆变器箱体内其余部件检修

**注**:拆卸、安装光纤及电缆时不要施加过大的力,拆下光连接器后要盖上防尘盖。

牵引逆变器箱体内其余部件检修内容及要求见表3-26。

牵引逆变器箱体内其余部件检修内容及要求　　表3-26

| 序号 | 检修内容及要求 | 图示 |
|---|---|---|
| 1 | 检查功率单元,要求无破损、无裂纹、无杂物堆积 | |
| 2 | 使用抹布蘸取酒精清洁搭铁刀闸,要求无灰尘、无污垢。在与刀片的凸面滑动接触的铰接部分和刀夹部分涂抹薄薄的一层FS3451润滑剂以防烧结。检查搭铁刀闸,要求无烧蚀、无变色、表面光滑 | |

续上表

| 序号 | 检修内容及要求 | 图示 |
|---|---|---|
| 3 | 检查所有光纤插头应安装紧固、外皮无损伤,检查逻辑部电源装置,要求电容无鼓包、板件元件无烧蚀、无变色、无虚焊脱焊,各接线紧固状态良好 | |
| 4 | 检查箱体,要求所有密封胶条安装牢固,无破损、无变色、弹性良好,所有线缆无破损、安装紧固,箱体防水无损坏,各部件紧固状态良好 | |

## 六、滤波电容测量

**注**:滤波电容测量前需进行放电,测量后对滤波电容进行放电,谨防电容电击。

滤波电容测量内容及要求见表3-27。

**滤波电容测量内容及要求**　　表3-27

| 测量内容及要求 | 图示 |
|---|---|
| 使用数字电桥测量滤波电容,要求三组电容并联值符合9600μF±1440μF,单体电容值为2400μF±360μF的标准 | |

## 七、牵引逆变器整车空级试验

**注**:空级试验严禁升弓状态下进行。

牵引逆变器整车空级试验内容及要求见表3-28。

牵引逆变器整车空级试验内容及要求　　　　表3-28

| 试验内容及要求 | 图示 |
|---|---|
| 启动蓄电池（不升弓），激活司机室，将动车牵引逆变器（VVVF）装置内"SQS"开关打到"试验"位置，按压驾驶台VVVF复位按钮（闭合HB），在ATI上确认HB闭合。操作牵引手柄缓解紧急制动，将牵引手柄在牵引位及0位（惰行）之间推拉。查看ATI显示，正常状态为：手柄在牵引位时，LB显示"ON"；在0位时，LB显示"OFF"。两端司机室都进行试验，试验结束后，将所有VVVF装置内SQS（试验）开关恢复至正常位置 |  |

### 信息收集

我们的任务是：_____

为了顺利完成本任务，请完成以下信息收集（表3-29）。

信息收集　　　　表3-29

| 序号 | 信息类别 | 相关要求 | 是否完成 |
|---|---|---|---|
| 1 | 作业条件 | 电客车断电已超3min | □是　□否 |
| | | AC 220V 50Hz电源 | □是　□否 |
| | | 高压刀闸打至接地位 | □是　□否 |
| 2 | 人员要求 | 穿戴劳保鞋、安全帽 | □是　□否 |
| | | 穿戴防护服、防护手套、绝缘手套 | □是　□否 |

续上表

| 序号 | 信息类别 | 相关要求 | 是否完成 |
|---|---|---|---|
| 3 | 注意事项 | 刀夹和刀片清洁后在接触部涂抹FS3451 | □是 □否 |
| | | 设备检修、拆卸前确保已放电 | □是 □否 |
| | | 灭弧罩检修完安装到位 | □是 □否 |
| | | 吹尘作业前,做好防尘防护 | □是 □否 |
| | | 空级试验务必在蓄电池供电下进行 | □是 □否 |
| 4 | 作业关键点 | 逻辑部检修符合要求 | □是 □否 |
| | | 高压接触器主触点检修符合要求 | □是 □否 |
| | | 电阻、电容测量值符合标准 | □是 □否 |
| | | 吹尘完毕螺栓安装符合拧紧力矩要求 | □是 □否 |
| | | 空级试验在蓄电池供电下进行,完毕后及时恢复设备状态 | □是 □否 |
| 情况说明: | | | |
| | | 确认签字:　　　年　月　日 | |

**制订计划**

(1)根据检修任务要求制订检修计划,并描述作业关键点(表3-30)。

检修计划　　　　　　　　　　　　　　　　　　　表3-30

| 序号 | 作业流程 | 作业关键点 |
|---|---|---|
| 1 | 吹尘 | |
| 2 | 检修 | |
| 3 | 测量 | |
| 4 | 试验 | |
| 审核意见: | | |
| | 确认签字:　　　年　月　日 | |

(2)根据检修计划做好作业前的准备工作(表3-31)。

检测设备、工器具、物料、劳保用品　　　　　　表3-31

| 序号 | 名称 | 数量 | 清点 |
| --- | --- | --- | --- |
| 1 | 13mm 棘开扳手、套筒 | 各1个 | □已清点 |
| 2 | 17mm 棘开扳手、套筒 | 各1个 | □已清点 |
| 3 | 扭力扳手0~100N·m | 1把 | □已清点 |
| 4 | 弹簧秤 | 1把 | □已清点 |
| 5 | 万用表 | 1个 | □已清点 |
| 6 | 数字电桥 | 1个 | □已清点 |
| 7 | 75%酒精 | 1瓶 | □已清点 |
| 8 | 抹布 | 1m | □已清点 |
| 9 | FS3451润滑剂 | 10g | □已清点 |
| 10 | 毛刷 | 1把 | □已清点 |
| 11 | 红、黑划线笔 | 各1支 | □已清点 |

情况说明：

确认签字：　　　年　月　日

(3)根据检修计划,完成小组分工及作业安全预想(表3-32)。

小组分工　　　　　　表3-32

| 作业人 | | 互控人 | |
| --- | --- | --- | --- |
| 作业安全预想 | | | |
| 作业前 | | | |
| 作业中 | | | |
| 作业后 | | | |

# 任务实施

## 一、作业条件确认（表 3-33）

作业条件确认　　　　　　　　　　　　　　　　表 3-33

| 图示 | 条件要求 | 实施情况 |
|---|---|---|
| | 电客车断电已超 3min | □是　□否 |
| | 高压刀闸打置接地位 | □是　□否 |
| | AC 220V 50Hz 电源 | □是　□否 |

## 二、牵引逆变器吹尘（表 3-34）

牵引逆变器吹尘任务实施　　　　　　　　　　　表 3-34

| 图示 | 吹尘要求 | 实施情况 |
|---|---|---|
| | 拆卸散热片网罩 M8 固定螺栓，取下网罩 | □是　□否 |
| | 拆卸滤波电抗器网罩 M10 固定螺栓，取下网罩 | □是　□否 |
| | 用风枪连接风管和外部风源 | □是　□否 |
| | 对逆变器散热器和滤波电抗器线圈进行吹尘，要求表面无泥灰、无夹杂异物 | □是　□否 |

续上表

| 图示 | 吹尘要求 | 实施情况 |
|---|---|---|
| 滤波电抗器线圈 | 盖上逆变器网罩,安装网罩 M8 螺栓,以力矩 14.5N·m 划防松线 | ☐是 ☐否 |
| | 盖上滤波电抗器网罩,安装网罩 M10 螺栓,以力矩 29.5N·m 划防松线 | ☐是 ☐否 |

## 三、牵引逆变器设备检修(表3-35)

牵引逆变器设备检修　　　　　表3-35

| 序号 | 内容 | 图示 | 检修要求 | 实施情况 |
|---|---|---|---|---|
| 1 | 控制逻辑部检修 | 逻辑部风扇 | 用抹布清洁外观,要求无浮灰 | ☐是 ☐否 |
| | | | 拆卸逻辑部风扇,要求转动正常无卡滞 | ☐是 ☐否 |
| | | | 检查逻辑部外观,要求插头安装到位,各部件无异常 | ☐是 ☐否 |

续上表

| 序号 | 内容 | 图示 | 检修要求 | 实施情况 |
|---|---|---|---|---|
| 2 | LB1、LB2 高压接触器检修 |    | 使用抹布蘸取酒精清洁接触器整体及灭弧罩 | □是 □否 |
| | | | 要求无污垢、接触器无裂纹、灭弧罩无烧黑 | □是 □否 |
| | | | 主触头状态正常 | □是 □否 |
| | | | 行程开关及接线状态正常 | □是 □否 |
| 3 | HBK 接触器及经济电阻检修 |    | 使用抹布蘸取酒精清洁接触器及经济电阻 | □是 □否 |
| | | | 要求无灰尘、无污垢 | □是 □否 |
| | | | 接触器整体状态良好 | □是 □否 |
| | | | 灭弧罩整体状态良好 | □是 □否 |

续上表

| 序号 | 内容 | 图示 | 检修要求 | 实施情况 |
|---|---|---|---|---|
| 3 | HBK接触器及经济电阻检修 | | 主触头状态良好 | □是 □否 |
| | | | 接线状态良好 | □是 □否 |
| 4 | 传感器检修 | | 使用抹布清洁电压传感器及电流传感器 | □是 □否 |
| | | | 要求无灰尘、无污垢 | □是 □否 |
| | | | 电压及电流传感器状态良好 | □是 □否 |
| 5 | 充放电电阻检修 | | 用抹布清洁放电电阻和充电电阻外观,要求无浮灰 | □是 □否 |
| | | | 检查充电电阻外观,要求无变色,接线安装紧固,元件无缺损裂纹 | □是 □否 |
| | | | 检查放电电阻外观,要求无变色,接线安装紧固,元件无缺损裂纹 | □是 □否 |

续上表

| 序号 | 内容 | 图示 | 检修要求 | 实施情况 |
|---|---|---|---|---|
| 6 | 滤波电容检修 | | 检查电容外观无鼓包、渗油 | □是 □否 |
| | | | 检查电容连接线紧固、端子无变色 | □是 □否 |
| 7 | 牵引逆变器箱体内其余附部件检修 | | 功率单元状态良好 | □是 □否 |
| | | | 接地刀闸润滑剂涂抹均匀,接地刀闸状态良好 | □是 □否 |
| | | | 光纤及逻辑部电源装置状态良好 | □是 □否 |
| | | | 箱体及部件紧固状态良好 | □是 □否 |

## 四、牵引逆变器设备测试(表3-36)

牵引逆变器设备测试任务实施　　　　表3-36

| 序号 | 内容 | 图示 | 测量要求 | 实施情况 |
|---|---|---|---|---|
| 1 | 充放电电阻测量 | | 利用万用表或数字电桥测量充放电电阻阻值 | □是 □否 |
| | | | 充电电阻阻值 $10\Omega \pm 1\Omega$、放电电阻阻值 $500\Omega \pm 50\Omega$ | □是 □否 |

续上表

| 序号 | 内容 | 图示 | 测量要求 | 实施情况 |
|---|---|---|---|---|
| 2 | 滤波电容测量 | 滤波电容 | 用数字电桥测量滤波电容值 | □是 □否 |
| | | | 电容值符合要求 | □是 □否 |
| 3 | 牵引逆变器整车空级试验测试 | | 空级试验状态正常 | □是 □否 |

**检查控制**

根据牵引逆变器设备检修计划及实施情况,指导老师对作业质量进行检查和评价(表3-37)。

任务学习情况检查评价表  表3-37

| 序号 | 检查内容 | 检查结果 |
|---|---|---|
| 1 | 吹尘符合清洁要求 | □是 □否 |
| 2 | 吹尘完毕螺栓安装符合拧紧力矩要求 | □是 □否 |
| 3 | 逻辑部检修符合要求 | □是 □否 |
| 4 | 传感器检修符合要求 | □是 □否 |
| 5 | 光纤及电源装置检修符合要求 | □是 □否 |
| 6 | 高压接触器主触点检修符合要求 | □是 □否 |
| 7 | 电阻、电容测量值符合标准 | □是 □否 |
| 8 | 空级试验动作正常 | □是 □否 |

存在问题:

整改意见:

确认签字:  年 月 日

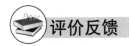 评价反馈

(1)指导老师根据任务实施情况,对完成的工作量进行检查统计(表3-38)。

**任务实施完成情况表**　　表3-38

| 序号 | 作业分类 | 作业内容 | 完成结果 |
|---|---|---|---|
| 1 | 作业条件确认 | 状态确认 | □是 □否 |
| 2 | 牵引逆变器吹尘 | 功率单元、滤波电抗器吹尘 | □是 □否 |
| 3 | 牵引逆变器检修 | 控制逻辑部、高压接触器、HBK接触器、经济电阻、传感器等检修 | □是 □否 |
| 4 | 牵引逆变器测试 | 电阻值、电容值测量 | □是 □否 |
| 5 | 牵引逆变器试验 | 空级试验 | □是 □否 |

存在问题：

整改意见：

确认签字：　　　　年　月　日

(2)根据任务实施情况,小组人员进行自我评价,指导老师对作业人员表现进行综合评价。

①作业人员评价：_____

②互控人员评价：_____

③指导老师评价：_____

一、填空题

(1) 牵引逆变器设备滤波电抗器的电感值为_____mH。

(2) 牵引逆变器设备充电电阻值为_____Ω。

(3) 牵引逆变器设备放电电阻值为_____Ω。

(4) 牵引逆变器设备滤波电容值为_____F。

(5) 牵引逆变器设备的检修流程一般分为吹尘、_____、_____测试。

二、简答题

(1) 牵引逆变器设备的定义是什么？

(2) 牵引逆变器设备检修的作业条件要求有哪些？

(3) 牵引逆变器设备的工作原理是什么？

(4) 牵引逆变器测量的部件有哪些，标准是多少？

(5) 牵引逆变器设备耐压试验的方法和要求是什么？

# 任务三　制动电阻箱检修

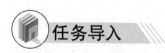

某地铁公司大修车间电气班班长，当日收到生产调度派发的0335电客车架修生产任务后，班长将制动电阻箱架修生产任务派发给班组×××员工，×××收到任务后进行作业前准备工作。

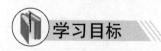

1. 知识目标

◆能口述制动电阻箱原理及功能；

※能口述制动电阻箱测试作业方法及标准。

2. 技能目标

※能在实训现场或利用情景演示，口述或手动完成制动电阻箱检修作业；

◆能发现他人在执行制动电阻箱检修流程中存在的问题。

注：※学习难点；◆学习重点。

## 知识储备

### 一、制动电阻箱定义及结构组成

#### 1. 制动电阻箱

制动电阻箱为电客车车下安装的设备，是一种耗能装置，当再生制动反馈至接触网的电能达到极限后，系统将无法把反馈至接触网的电能传送至制动电阻箱进行吸收。

#### 2. 制动电阻箱结构组成

一列6辆编组的电客车，分别以1辆拖车（Tc车）加2辆动车（M车）组成一个单元，制动电阻箱一般设置在每个单元的动车车下。由于制动电阻箱型号不同，其结构组成与冷却方式也存在一定差异，现就以日立公司的制动电阻箱结构进行介绍，其主要结构可参考制动电阻箱实物（图3-5）、结构图（图3-6）。

图3-5 制动电阻箱实物

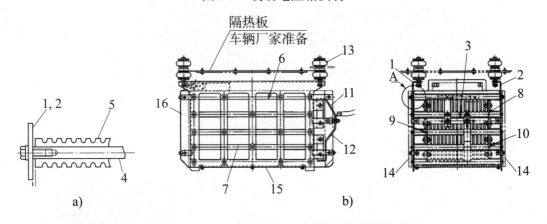

图3-6 制动电阻箱结构图

1,2-外框；3-端子板；4-绝缘子支撑；5-元件支撑绝缘子；6-电阻元件64mm宽；7-电阻元件50mm宽；8-铜排（安装孔间距89mm）；9-铜排（安装孔间距82mm）；10-铜排（安装孔间距75mm）；11,12-铜排；13-绝缘吊挂螺栓；14-侧盖（只有外侧的电阻器）；15-底盖；16-后盖

## 二、制动电阻箱相关技术参数

制动电阻箱相关技术参数见表3-39。

**制动电阻箱相关技术参数**　　　　　表3-39

| 名称 | 技术参数 |
| --- | --- |
| 制动电阻箱阻值 | 2.277Ω（常温20℃）；<br>2.452Ω（高温470℃） |

## 三、制动电阻箱原理

制动电阻箱本质为功率电阻,当列车需要进入电阻制动工况时,制动斩波器开启,列车产生的电能通过制动电阻箱消耗掉,将列车电能转换为热能,从而实现列车制动。当制动斩波器关断时,电阻制动退出。

# 工艺准备

## 一、制动电阻箱拆卸

**注**：(1)拆卸元件支撑绝缘子螺栓时,注意逐层拆卸螺栓,取下一层电阻元件后,方可拆卸下层螺栓。

(2)取下电阻元件时注意佩戴手套,谨防割伤手部。

(3)分解电阻元件时应轻拿轻放,防止电阻元件掉落摔裂。

制动电阻箱拆卸内容及要求见表3-40。

**制动电阻箱拆卸内容及要求**　　　　　表3-40

| 序号 | 拆卸内容及要求 | 图示 |
| --- | --- | --- |
| 1 | 使用棘轮拆卸制动电阻箱侧盖及底盖 M8 螺栓,取下侧盖及底盖 |  |

续上表

| 序号 | 拆卸内容及要求 | 图示 |
|---|---|---|
| 2 | 使用棘轮及开口扳手拆卸所有铜排 M10 螺栓,取下所有铜排,注意铜排安装位置 | |
| 3 | 使用棘轮拆卸元件支撑 M8 螺栓,取下元件支撑,将元件支撑与元件支撑绝缘子分离。取下电阻元件,逐层拆卸所有部件 | |

## 二、制动电阻箱清洁

**注**:清洁元件支撑及元件支撑绝缘子时,务必将内部残留水分清洁彻底,以免残留水分,造成螺栓锈蚀。

制动电阻箱清洁内容及要求见表3-41。

**制动电阻箱清洁内容及要求**　　　　　表3-41

| 序号 | 清洁内容及要求 | 图示 |
|---|---|---|
| 1 | 使用酒精清洁电阻元件及铜排,要求表面无油污、灰尘等异物,安装接触面应重点清洁 | |
| 2 | 使用清水清洁制动电阻箱外框、元件支撑、元件支撑绝缘子,要求制动电阻箱外框无成片油污,元件支撑表面无油污、异物,元件支撑绝缘子槽孔内无油污、异物 | |

## 三、制动电阻箱检查

注:(1)清洁元件支撑绝缘子过程中,发现破损应立即更换。

(2)制动电阻箱检查发现锈蚀螺栓应立即更换。

制动电阻箱检查内容及要求见表3-42。

制动电阻箱检查内容及要求　　　　表3-42

| 序号 | 检查内容及要求 | 图示 |
|---|---|---|
| 1 | 检查电阻元件及铜排,要求无锈蚀、电腐蚀、无变形 | |
| 2 | 检查制动电阻箱外框、元件支撑、元件支撑绝缘子,要求制动电阻箱外框外观良好,无烧焦、破损及裂纹,元件支撑绝缘子无裂纹、破损及掉块,元件支撑无变形、破损、裂纹及锈蚀 | |

## 四、制动电阻箱组装

注:(1)电阻元件宽度不同,上部两层为64mm宽,下部两层为50mm宽,安装时注意顺序。

(2)搬运电阻元件时注意佩戴手套,谨防割伤手部。

(3)安装元件支撑绝缘子螺栓时应先手动拧紧,待所有电阻元件安装好后再统一紧固,以免造成下部紧固后导致上部过紧无法安装。

制动电阻箱组装内容及要求见表3-43。

制动电阻箱组装内容及要求  表3-43

| 序号 | 组装内容及要求 | 图示 |
|---|---|---|
| 1 | 将所有清洁检查完成的元件支撑放入元件支撑绝缘子中,依次放置到制动电阻箱外框相应位置,手动拧紧M8螺栓,将50mm宽的电阻元件安装在最底层的元件支撑绝缘子槽内,完成安装的电阻元件两端应各有5个空槽,按照一层元件支撑绝缘子一层电阻元件的顺序依次安装。调整元件支撑绝缘子位置,与两侧外框不紧贴,紧固元件支撑绝缘子螺栓,紧固力矩14.5N·m | |
| 2 | 将3个长短不一的铜排依次放置到相应位置,手动拧紧螺栓,最长的铜排在最上部,最短的铜排在最下部。调整铜排与电阻元件安装接触面,保证最大接触面积,紧固力矩29.5N·m | |
| 3 | 将后盖及侧盖放置到相应位置,紧固力矩14.5N·m | |

## 五、制动电阻箱试验

**注**:(1)万用表使用前应先检查仪表及表笔外观状态,确保仪表外壳无松动、破损,表笔线缆外皮无破损、金属无裸露。
(2)绝缘电阻测试过程中,严禁触碰设备,谨防触电危险。

制动电阻箱试验内容及要求见表3-44。

**制动电阻箱试验内容及要求**　　　　表 3-44

| 序号 | 试验内容及要求 | 图示 |
|---|---|---|
| 1 | 使用万用表对制动电阻箱进行阻值测试,两表笔紧密接触制动电阻箱的 A、B 端,阻值要求 $2.277\Omega \pm 0.2277\Omega$ | |
| 2 | 使用绝缘电阻测试仪测试制动电阻箱的绝缘电阻,红夹钳夹至电阻元件上,黑夹钳夹至制动电阻外框导电处,要求在 DC 1000V 条件下,绝缘电阻 >10MΩ | |

## 信息收集

我们的任务是：_____

_____

为了顺利完成本任务,请完成以下信息收集(表 3-45)。

**信息收集**　　　　表 3-45

| 序号 | 信息类别 | 相关要求 | 是否完成 |
|---|---|---|---|
| 1 | 作业条件 | 绝缘工作台 | □是　□否 |
| 2 | 人员要求 | 穿戴劳保鞋、安全帽 | □是　□否 |
| | | 穿戴防护服、防护手套、绝缘手套 | □是　□否 |
| 3 | 注意事项 | 制动电阻箱吊装过程中严格遵守吊装作业安全注意事项 | □是　□否 |
| | | 绝缘电阻测试过程中,严禁触碰 | □是　□否 |
| | | 力矩需互控人员校验 | □是　□否 |
| | | 搬运移动电阻元件需佩戴手套 | □是　□否 |
| | | 作业后出清现场物料 | □是　□否 |

续上表

| 序号 | 信息类别 | 相关要求 | 是否完成 |
|---|---|---|---|
| 4 | 作业关键点 | 元件支撑绝缘子有无破损,电阻元件及铜排有无生锈、电腐蚀 | □是 □否 |
| | | 安装顺序需正确无误,安装部件需完整无缺 | □是 □否 |
| | | 力矩需准确无误,互控人员校验 | □是 □否 |
| | | 电阻元件与外框间绝缘电阻需>10MΩ | □是 □否 |
| | | 测试完及时恢复设备状态 | □是 □否 |

情况说明：

确认签字：　　　年　月　日

## 制订计划

(1)根据检修任务要求制订检修计划,并描述作业关键点(表3-46)。

**检修计划**　　　　　　　　　　　　　　　　　　表3-46

| 序号 | 作业流程 | 作业关键点 |
|---|---|---|
| 1 | 拆卸 | |
| 2 | 清洁 | |
| 3 | 检查 | |
| 4 | 组装 | |
| 5 | 试验 | |

审核意见：

确认签字：　　　年　月　日

(2)根据检修计划做好作业前的准备工作(表3-47)。

**检测设备、工器具、物料、劳保用品**　　　　　　表3-47

| 序号 | 名称 | 数量 | 清点 |
|---|---|---|---|
| 1 | 手套 | 4只 | □已清点 |
| 2 | 吊带 | 1条 | □已清点 |

续上表

| 序号 | 名称 | 数量 | 清点 |
| --- | --- | --- | --- |
| 3 | 棘轮 | 1个 | □已清点 |
| 4 | 13mm棘开扳手、套筒 | 各1个 | □已清点 |
| 5 | 17mm棘开扳手、套筒 | 各1个 | □已清点 |
| 6 | 75%酒精 | 1瓶 | □已清点 |
| 7 | 抹布 | 0.5m | □已清点 |
| 8 | 扭力扳手5~50N·m | 1个 | □已清点 |
| 9 | 红、黑划线笔 | 各1支 | □已清点 |
| 10 | 万用表 | 1个 | □已清点 |
| 11 | 绝缘电阻测试仪 | 1台 | □已清点 |

情况说明：

确认签字：　　　　年　月　日

（3）根据检修计划，完成小组分工及作业安全预想（表3-48）。

小组分工　　　　　　　　　　　　　　表3-48

| 作业人 | | 互控人 | |
| --- | --- | --- | --- |
| 作业安全预想 | | | |
| 作业前 | | | |
| 作业中 | | | |
| 作业后 | | | |

## 任务实施

### 一、作业条件确认(表3-49)

作业条件确认　　　　　　　　　　　表3-49

| 图示 | 条件要求 | 实施情况 |
|---|---|---|
|  | 制动电阻箱平稳、可靠地放置在绝缘工作台上 | □是　□否 |

### 二、制动电阻箱拆卸(表3-50)

制动电阻箱拆卸任务实施　　　　　　表3-50

| 图示 | 拆卸要求 | 实施情况 |
|---|---|---|
|  | 拆卸制动电阻箱侧盖及底盖 M8 螺栓,取下侧盖及底盖 | □是　□否 |
|  | 拆卸铜排 M10 螺栓,取下全部铜排 | □是　□否 |
|  | 拆卸元件支撑绝缘子 M8 螺栓,将元件支撑绝缘子与绝缘子支撑分离 | □是　□否 |
|  | 取下电阻元件 | □是　□否 |
|  | 逐层取下支撑绝缘子及电阻元件 | □是　□否 |

## 三、制动电阻箱清洁(表3-51)

**制动电阻箱清洁任务实施**  表3-51

| 图示 | 清洁要求 | 实施情况 |
|---|---|---|
|  | 抹布蘸取酒精 | □是 □否 |
|  | 清洁制动电阻箱整体、铜排及电阻元件 | □是 □否 |
|  | 表面无油污、灰尘等异物、螺栓画线清晰 | □是 □否 |

## 四、制动电阻箱检查(表3-52)

**制动电阻箱检查任务实施**  表3-52

| 图示 | 检查要求 | 实施情况 |
|---|---|---|
|  | 检查外框、侧盖及底盖是否存在变形、生锈、漆面裸露情况 | □是 □否 |
|  | 检查铜排及电阻元件是否存在生锈、电腐蚀情况 | □是 □否 |
|  | 检查元件支撑绝缘子是否存在破损以及裂纹 | □是 □否 |

## 五、制动电阻箱组装（表3-53）

制动电阻箱组装任务实施　　　　　　　　　　　　　表3-53

| 图示 | 组装要求 | 实施情况 |
|---|---|---|
| | 将元件支撑绝缘子与绝缘子支撑进行组装 | □是　□否 |
| | 将组装完成的支撑绝缘子放置到外框对应位置，手动安装M8螺栓 | □是　□否 |
| | 将电阻元件完全放置到支撑绝缘子槽内。逐层完成所有元件支撑绝缘子及电阻元件的安装，M8螺栓以力矩14.5N·m划防松线 | □是　□否 |
| | 将铜排放置电阻元件，安装M10安装螺栓，以力矩29.5N·m划防松线 | □是　□否 |
| | 将侧板及底板放置在外框位置，安装M8安装螺栓，以力矩14.5N·m划防松线 | □是　□否 |

## 六、制动电阻箱试验（表3-54）

制动电阻箱试验任务实施　　　　　　　　　　　　　表3-54

| 图示 | 试验要求 | 实施情况 |
|---|---|---|
| | 使用万用表对制动电阻箱进行阻值测试，表笔两端分别测量制动电阻箱的A、B端 | □是　□否 |
| | 阻值要求2.277Ω±0.2277Ω | □是　□否 |

续上表

| 图示 | 试验要求 | 实施情况 |
|---|---|---|
| 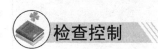 | 用绝缘电阻测试仪,黑夹钳夹至外框无油漆处,红夹钳夹至电阻元件上 | □是　□否 |
| | DC 1000V,绝缘值>10MΩ | □是　□否 |

## 检查控制

根据制动电阻箱检修计划及实施情况,指导老师对作业质量进行检查和评价(表3-55)。

任务学习情况检查评价表　　　　　　表3-55

| 序号 | 检查内容 | 检查结果 |
|---|---|---|
| 1 | 侧盖、底盖、元件支撑绝缘子、绝缘子支撑、电阻元件、铜排拆卸顺序是否正确、拆卸部件是否全面 | □是　□否 |
| 2 | 制动电阻箱外框、侧盖、底盖、铜排、电阻元件、元件支撑绝缘子、绝缘子支撑清洁效果是否良好 | □是　□否 |
| 3 | 外框、侧盖、底盖、铜排、电阻元件、元件支撑绝缘子外观状态是否良好 | □是　□否 |
| 4 | 侧盖、底盖、元件支撑绝缘子、绝缘子支撑、电阻元件、铜排安装顺序是否正确,安装部件是否全面 | □是　□否 |
| 5 | 电阻阻值、绝缘电阻是否正常 | □是　□否 |

存在问题：

整改意见：

确认签字：　　　　年　月　日

## 评价反馈

(1) 指导老师根据任务实施情况,对完成的工作量进行检查统计(表3-56)。

任务实施完成情况表  表3-56

| 序号 | 作业分类 | 作业内容 | 完成结果 |
|---|---|---|---|
| 1 | 作业条件确认 | 状态确认 | □是 □否 |
| 2 | 制动电阻箱拆卸 | 侧盖、底盖、电阻元件、元件支撑绝缘子、铜排拆卸 | □是 □否 |
| 3 | 制动电阻箱清洁 | 制动电阻箱外框、电阻元件、铜排、元件支撑绝缘子、元件支撑清洁 | □是 □否 |
| 4 | 制动电阻箱检查 | 制动电阻箱外框、电阻元件、铜排、元件支撑绝缘子、元件支撑检查 | □是 □否 |
| 5 | 制动电阻箱组装 | 支撑绝缘子、电阻元件、铜排、侧盖、底盖组装 | □是 □否 |
| 6 | 制动电阻箱试验 | 阻值、绝缘电阻测量 | □是 □否 |

存在问题:

整改意见:

确认签字:　　　年　月　日

(2) 根据任务实施情况,小组人员进行自我评价,指导老师对作业人员表现进行综合评价。

①作业人员评价:＿＿＿＿＿＿＿＿＿＿＿＿＿＿＿＿＿＿＿＿＿＿＿＿＿＿

②互控人员评价：_____
_____
_____

③指导老师评价：_____
_____
_____

 知识巩固

一、填空题

(1) 制动电阻箱电阻元件的阻值为_____Ω。

(2) 组装完成的制动电阻箱，电阻元件与外框的绝缘电阻，在_____V的条件下，要求＞_____MΩ。

(3) 当列车需要进入电阻制动工况时，制动斩波器_____，列车产生的电能通过制动电阻箱消耗掉，将列车电能转换为热能。

(4) 检查外框、侧盖及底盖有无变形、_____、漆面裸露情况。

(5) 将铜排放置电阻元件，安装 M10 安装螺栓，以力矩_____ N·m 划防松线。

二、简答题

(1) 简述列车处于电制动时，电阻制动的过程。

(2) 简述电阻制动箱的拆卸顺序。

(3) 简述电阻制动箱的检查要点。

(4) 简述电阻制动箱的安装顺序。

(5) 简述电阻制动箱的测试内容。

# 任务四　牵引电动机检修

 任务导入

某地铁公司架修车间电气班班长，本周收到架修调度派发的 0110 车电客车电气部件架修生产任务后，班长将牵引电动机架修生产任务派发给班组×××员工，×××收到任务后进行作业前准备工作。

项目三 城市轨道交通车辆牵引系统设备检修

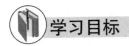学习目标

1. 知识目标

◆能口述牵引电动机定义和作用；

※能口述牵引电动机测试作业方法及标准。

2. 技能目标

※能在实训现场或利用情景演示，口述或手动完成牵引电动机检修作业；

◆能发现他人在执行牵引电动机检修流程中存在的问题。

注：※学习难点；◆学习重点。

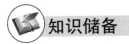知识储备

## 一、异步牵引电动机定义及结构组成

1. 异步牵引电动机定义

牵引电动机是城市轨道交通电客车动力核心设备，在电客车牵引时提供驱动力，此时为牵引电动机；在电客车制动时提供电制动力，此时为发电机。该设备归属于电客车牵引供电系统，每辆动车转向架均配置两台牵引电动机。目前轨道交通行业牵引电动机生产厂家为中车永济电动机厂，根据电客车功率需求的不同，涉及的牵引电动机型号也较多，本任务就以 HS34532-04RB 型 180kW 牵引电动机检修为例进行介绍。

2. 异步牵引电动机结构组成

异步牵引电动机结构基本由转子、定子、机壳（座）、转子端盖、接线盒、轴承等部件组成。HS34532-04RB 型 180kW 牵引电动机，其定子是无机壳叠片形式，铁芯两端装有厚压板，压板间用拉杆或钢板固定，用电焊将压板、铁芯和拉杆等焊成一个整体。定子压板又作为转子轴承支架，通过端盖和压板的止口来固定转子部分。转子是鼠笼型，其绕组用铝或铜硅铝合金铸成，容量较大的牵引电动机则采用铜材料制成。异步牵引电动车的具体图示可参考实物（图 3-7）、结构图（图 3-8）。

图 3-7 牵引电动机实物

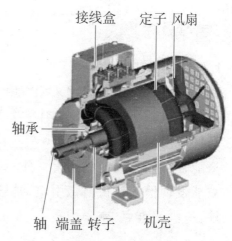

图 3-8 牵引电动机结构

## 二、牵引电动机相关技术参数

牵引电动机相关技术参数见表 3-57。

牵引电动机相关技术参数　　　　表 3-57

| 序号 | 名称 | 技术标准 |
| --- | --- | --- |
| 1 | 额定功率(kW) | 180 |
| 2 | 额定电压(V) | 1100 |
| 3 | 额定电流(A) | 116 |
| 4 | 额定频率(Hz) | 68 |
| 5 | 极数 | 4 |
| 6 | 转差率(%) | 1.2 |
| 7 | 转速(r/min) | 2015 |
| 8 | 功率因数(%) | ≥85 |
| 9 | 效率(%) | ≥90 |
| 10 | 冷却方式 | 风冷 |
| 11 | 绝缘等级 | 200 |

## 三、异步牵引电动机的定义

牵引电动机的工作原理概括来说,就是载流导体在磁场会做功,将电能转换为动能。转换为发电动机时,其工作原理力为,在磁场中做功会产生电流。被称为异步牵引电动机的主要原因为,感应电动机的转速不可能达到定子旋转磁场的转速,即同步转速。因为如果达到同步转速,则转子导体与旋转磁场之间没有相对运动,随之在转子导体中不能感应出电动势和电流,也就不能产生推动转子旋转的电磁力。因此,两种转速之间总是存在差异,这是感应电动机又称为异步电动机的原因。

## 工艺准备

### 一、牵引电动机吹尘

注:(1)除尘人员必须穿戴好防尘服。
 (2)电动机转运及吊装严格执行起吊标准。

牵引电动机吹尘内容及要求见表3-58。

牵引电动机吹尘内容及要求　　　　　　　　表3-58

| 吹尘内容及要求 | 图示 |
| --- | --- |
| 电动机吹尘:<br>(1)将电动机放置推车上,推入吹尘室内部转盘处。连接吹尘设备,风枪头从观察孔伸入吹尘室。<br>(2)人员在吹尘室外部,握住风枪对电动机进行吹尘,同时通过操纵吹尘室转动电动机按钮,可转动电动机方向,从而达到更好的吹尘效果 | 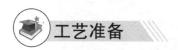 |

### 二、牵引电动机检修

注:(1)拆卸过程中应可靠保护轴锥面,严禁磕碰。锁紧止动垫片为消耗件,使用一次后报废。
 (2)对于拆解过程发现的损伤部件进行更换或者修复,拆卸及放置过程中不得造成损伤,注意做好防护,分解记录各部件状态及编号,没有更换的零部件做到原装原配。
 (3)拆卸过的所有紧固件报废,使用新紧固件替换。

牵引电动机检修内容及要求见表3-59。

牵引电动机检修内容及要求　　　　　　表 3-59

| 序号 | 检修内容及要求 | 图示 |
|---|---|---|
| 1 | 电动机分解：<br>(1) 拆除电动机传动端外油封、外轴承盖等总装配件。<br>(2) 拆除传动端端盖螺栓，拆除非传动端轴承室与机座连接螺栓，定转子分离。<br>(3) 使用专用工装拆除传动端轴承、非传动端轴承，拆除过程中要正确使用工装。<br>(4) 对传动端轴承、非传动端轴承防护，确保轴承在修理过程中不发生磕碰等现象 | |
| 2 | 电动机三相/搭铁电缆拆除：<br>(1) 拆除引线压板及支架上的固定螺栓。<br>(2) 将电缆、均压线从接线压板及支架上拆除，拆除过程中不得损伤电缆。<br>(3) 从电动机外部将三相电缆与三相引出线铜排焊接部位焊开，焊接过程中做好三相引出线铜排外包绝缘防护。<br>(4) 清除定子机座三相电缆出线孔部位密封胶，清理过程中不得损伤三相引出线铜排绝缘，清理完成后拆除出线护套，拆下的出线护套报废 | |

## 三、定子检修

**注**：(1) 定子清洗过程中不能伤到定子线圈等具有绝缘要求的部件。

(2) 耐压测试前将电动机放置绝缘台上，测试期间禁止触碰设备。

定子检修内容及要求见表 3-60。

定子检修内容及要求　　　　　　　　　　　　　　　表 3-60

| 序号 | 检修内容及要求 | 图示 |
|---|---|---|
| 1 | 定子探伤：对定子吊挂位进行磁粉探伤，确认有无裂纹等缺陷，如有进行修复；检查定子机座内部和外部，确认无裂缝和损伤。各个螺孔攻丝处理，各个止口进行除锈，检查止口，确认变形情况。对存在的故障予以修复 | |
| 2 | 定子清洗：定子采用清洗方式清理时，需进行烘潮处理，清洗介质不允许使用有腐蚀性的清洗液。擦洗过程中不能伤到有绝缘要求的部件，不能清洗轴承 | |
| 3 | 定子测试：清洗完成后的定子采用立式浸水检测绝缘电阻，引线头露出水面，使用普通自来水检测，测试绕组对地绝缘电阻。测试电压 1000V，测试时间 20min（从定子装配入水开始每 10min 测试一次），浸水后的绝缘电阻阻值要求不小于 10MΩ，绝缘电阻阻值低于 10MΩ 时重新嵌线 | |
| 4 | 定子浸漆：<br>(1)将清洗完成的定子放入烘箱进行干燥烘潮，温度 110℃ ±5℃，保温 8~10h。<br>(2)定子清洁干净后，绝缘电阻合格的电动机须进行浸漆，浸漆前检查定子绕组须露出绝缘漆的本色，绕组端部、槽口无油污及灰尘。对定子装配进行真空压力浸漆并旋转烘焙，浸漆过程中对机座内壁及各螺纹进行防护。<br>(3)定子浸漆后清理。定子装配浸漆并烘干后将各配合面与安装螺栓内的绝缘漆清洁干净，机座内壁残存绝缘漆清理干净 | |

续上表

| 序号 | 检修内容及要求 | 图示 |
|---|---|---|
| 5 | 定子状态检查：<br>（1）用双臂电桥测量定子三相直流电阻，并做记录，要求每相阻值与三相平均值差值在5%以内，并做记录。<br>（2）用1000V兆欧表测量定子绝缘电阻，要求≥100MΩ。<br>（3）用工频耐电压测试仪对定子线圈搭铁耐压检查（2200V，1min），要求无闪烁、击穿现象。<br>（4）用匝间脉冲检测仪对定子线圈三相匝间进行检测（3740V，3s），绝缘无损坏、三相衰减波形一致 | 三相阻值测试<br>耐压测试 |

## 四、转子检修

**注**：（1）转子通风孔清洁后，必须确保内孔无遗留物。

（2）转子探伤后需进行退磁操作。

转子检修内容及要求见表3-61。

转子检修内容及要求　　　　　表3-61

| 序号 | 检修内容及要求 | 图示 |
|---|---|---|
| 1 | 转子清洁：使用干燥的高压风对转子外表面、通风孔吹风，使用酒精对转子外表面、风扇擦拭，确保表面无油污等附着，若通风孔内污垢严重，须用适当的柔性刷子清洁转子通风孔。清理转子表面、转子铁芯通风孔等处的灰尘并擦净污垢；检查转子外观，导条、铁芯槽部无过热痕迹；导条、端环焊接处无断裂；风扇无损坏；部件如有异常进行修复 | |

续上表

| 序号 | 检修内容及要求 | 图示 |
|---|---|---|
| 2 | 检查转子外观:确认转子端环、铁芯槽部无过热烧痕;风扇完好无损伤;转轴无损伤;转子表面清洁无油污或异物;转轴、铁芯、端环不得有机械损伤;各部件相对位置不得有松动及错位现象,转子铁芯冲片不得有松片和掉片现象 | |
| 3 | 转子探伤:<br>(1)待转子自然冷却到室温后,对转轴两端轴颈、轴伸进行磁粉探伤;检查转轴无弯曲、变形,对转轴两端轴颈、轴伸进行磁粉探伤,确认无损伤。如有异常进行更新。<br>(2)使用无损探伤检查转子端环是否有断裂、裂纹等缺陷;使用无损探伤检查转轴轴承位、轴锥圆角过渡处、轴伸部位不得有裂纹等缺陷 | |
| 4 | 转子测量:<br>(1)测量转轴两端轴承位、油封位尺寸,有问题进行修复,并做记录。<br>(2)转子动平衡要求两端残余不平衡量≤1g,平衡块安装牢固、可靠,如有异常进行更换,动平衡量调整不许采用车削端环方式。<br>(3)检查电动机轴端螺纹状态,确保螺纹完好无损。<br>(4)测量转子外表面径向跳动不得超过0.18mm | 振动测试 |

## 五、牵引电动机组装

**注:**(1)总装过程中所有螺栓紧固时不允许使用风动扳手,必须使用扭力扳手紧固。

(2)耐压测试前将电动机放置绝缘台上,测试期间禁止触碰设备。

牵引电动机组装内容及要求见表3-62。

牵引电动机组装内容及要求　　　　表3-62

| 序号 | 组装内容及要求 | 图示 |
|---|---|---|
| 1 | 轴承检查及轴承安装：<br>(1) 检查新轴承内圈、滚珠(滚柱)、保持架完好，无损伤、无锈蚀，转动灵活，无卡滞现象。<br>(2) 轴承内圈加热到120℃±5℃，热套在轴承位上，要求热套到位，与轴肩贴合紧密。<br>(3) 使用专用工装将非传动端轴承压装到轴承室中，要求压装过程中保持工装水平，且工装要安装到位，确保轴承保持架等关键部位不受损伤。<br>(4) 端盖在烘箱中烘焙120℃±5℃，保温1h，将传动端轴承放入端盖轴承室中，确保轴承安装质量 | |
| 2 | 电动机定转子、总装部件装配：<br>(1) 定转子、总装部件要求定转子原装原配，大部件原装原配(端盖等)，所有拆卸下的紧固件报废换用新的紧固件。<br>(2) 定转子总装时所有配件安装正确、到位，定转子总装时要水平进入，不能有干涉，防止损坏轴承、转子、定子线圈。<br>(3) 定转子总装后，安装传动端外轴承盖、油封等，外油封加热温度为120℃±5℃，要求套装到位，贴合紧密 | |
| 3 | 总装结束后手动转动转子，要求转动均匀、灵活，无异响，无卡滞现象，用润滑脂填充每个螺纹孔用以防锈。测量转轴轴伸中部径向跳动，要求≤0.05mm | |

## 六、牵引电动机测试

注：(1)试验人员必须熟练设备操作和清楚试验标准。

(2)耐压测试前将电动机放置绝缘台上，测试期间禁止触碰设备。

牵引电动机测试内容及要求见表3-63。

**牵引电动机测试内容及要求**　　　　表3-63

| 序号 | 测试内容及要求 | 图示 |
|---|---|---|
| 1 | 电阻测试：<br>(1)绝缘电阻。检查定子绕组绝缘电阻，使用1000V兆欧表测量定子绝缘电阻，要求阻值≥100MΩ。空载试验后，用1000V兆欧表测量定子绕组对机壳的绝缘电阻值，要求≥2MΩ。轴承搭铁绝缘电阻检查，500V兆欧表检测绝缘电阻阻值≥5MΩ。<br>(2)相间电阻。绕组三相冷态直流电阻的检测，用直流双臂电桥测量定子三相直流电阻，每相阻值与三相平均值差值在5%以内。<br>(3)绝缘强度试验：引出线(U、V、W)和定子机座施加2760V、50Hz电压进行绝缘强度试验1min，绕组绝缘无变色、击穿。耐电压试验后，用1000V兆欧表测量定子绕组对机壳的热态绝缘电阻值，要求≥5MΩ | 三相阻值测试<br>耐压测试<br>绝缘测试 |
| 2 | 动态试验：<br>(1)空载特性试验。测量50Hz、电压916.7V时的输入电流和输入功率，空载输入电流测量值与典型值偏差不大于10%(典型值：39.49A～48.27A)。<br>(2)超速试验。电动机在热态下，应能承受在4779r/min转速下，持续运行2min。<br>(3)堵转试验。测量50Hz、电压178.4V时的输入电流和输入功率，堵转输入电流测量值与典型值偏差不大于5%(典型值：108.32A～119.72A)。 | 振动测试<br>空载试验台 |

续上表

| 序号 | 测试内容及要求 | 图示 |
|---|---|---|
| 2 | （4）振动试验。电动机自由放置在试验台上，电动机在转速 2015r/min 及 4779r/min 时，从轴伸端和非轴伸端看凸缘面时测量并记录振动速度，电动机从平稳启动至 4779r/min 内运转平稳，则认为达到了平衡标准。正弦波电源供电下空载运行，其振动限值满足规定要求。测量电动机气隙不均匀度，气隙不均匀度不大于10%。电动机机身各振动测试点振动速度限值≤2.8mm/s | |

## 信息收集

我们的任务是：_____

_____

为了顺利完成本任务，请完成以下信息收集（表3-64）。

信息收集  表3-64

| 序号 | 信息类别 | 相关要求 | 是否完成 | |
|---|---|---|---|---|
| 1 | 作业条件 | 电动机吹尘室 | □是 | □否 |
| | | 电动机检修绝缘台 | □是 | □否 |
| | | 电动机静载试验台 | □是 | □否 |
| | | AC220V 50Hz 电源 | □是 | □否 |
| 2 | 人员要求 | 穿戴劳保鞋、安全帽 | □是 | □否 |
| | | 具有电动机拆装维护经验 | □是 | □否 |
| | | 穿戴防护服、防护手套、绝缘手套、隔热手套 | □是 | □否 |
| 3 | 注意事项 | 电动机吊装时，谨防砸伤 | □是 | □否 |
| | | 定子清洗过程中不能伤到定子线圈等具有绝缘要求的部件 | □是 | □否 |
| | | 定子绕组浸漆满足前提条件，浸漆符合要求 | □是 | □否 |

续上表

| 序号 | 信息类别 | 相关要求 | 是否完成 |
|---|---|---|---|
| 3 | 注意事项 | 绝缘耐压测试做好绝缘防护,期间禁止触碰设备 | □是 □否 |
| | | 部件加热后必须戴隔热手套 | □是 □否 |
| | | 转子安装前,确保定子及转子状态符合要求 | □是 □否 |
| 4 | 作业关键点 | 电动机整机清洁符合要求 | □是 □否 |
| | | 探伤部件无裂纹 | □是 □否 |
| | | 机壳、定子绕组、转子外观无异常,符合检修要求 | □是 □否 |
| | | 三相绕组、绝缘电阻、耐压测试符合要求 | □是 □否 |
| | | 空载试验、超速试验、振动试验等符合要求 | □是 □否 |

情况说明：

确认签字：　　　年　月　日

**制订计划**

(1) 根据检修任务要求制订检修计划,并描述作业关键点(表3-65)。

检修计划　　　　　　　　　　　　　　表3-65

| 序号 | 作业流程 | 作业关键点 |
|---|---|---|
| 1 | 吹尘 | |
| 2 | 分解 | |
| 3 | 定子检修 | |
| 4 | 转子检修 | |
| 5 | 组装 | |
| 6 | 试验 | |

审核意见：

确认签字：　　　年　月　日

(2)根据检修计划做好作业前的准备工作(表3-66)。

检测设备、工器具、物料、劳保用品　　　　表3-66

| 序号 | 名称 | 数量 | 清点 |
|---|---|---|---|
| 1 | 58件套 | 1套 | □已清点 |
| 2 | 扭力扳手50~200N·m | 1把 | □已清点 |
| 3 | 扭力扳手0~100N·m | 1把 | □已清点 |
| 4 | 转子及轴承拆装工装 | 1把 | □已清点 |
| 5 | 吹尘设备 | 1套 | □已清点 |
| 6 | 磁粉探伤设备 | 1套 | □已清点 |
| 7 | 烘干房 | 1处 | □已清点 |
| 8 | 浸漆房 | 1处 | □已清点 |
| 9 | 绝缘电阻测试仪 | 1台 | □已清点 |
| 10 | 耐压测试仪 | 1台 | □已清点 |
| 11 | 振动测试仪 | 1台 | □已清点 |
| 12 | 数字电桥 | 1个 | □已清点 |
| 13 | 脱漆剂 | 50g | □已清点 |
| 14 | 轴承润滑脂 | 50g | □已清点 |
| 15 | 电动机面漆 | 50g | □已清点 |
| 16 | 75%酒精 | 1瓶 | □已清点 |
| 17 | 抹布 | 0.5m | □已清点 |
| 18 | 毛刷 | 1把 | □已清点 |
| 19 | 红、黑划线笔 | 各1支 | □已清点 |

情况说明：

确认签字：　　年　月　日

(3)根据检修计划,完成小组分工及作业安全预想(表 3-67)。

小组分工　　　　　　　　　　　　　表 3-67

| 作业人 | | 互控人 | |
|---|---|---|---|
| 作业安全预想 ||||
| 作业前 | |||
| 作业中 | |||
| 作业后 | |||

## 📖 任务实施

### 一、作业条件确认(表 3-68)

作业条件确认　　　　　　　　　　　　表 3-68

| 图示 | 条件要求 | 实施情况 |
|---|---|---|
| 电动机吹尘室外 | 电动机吹尘室 | □是　□否 |
| | 电动机检修绝缘台 | □是　□否 |
| | 电动机静载试验台 | □是　□否 |
| 空载试验台 | AC220V 50Hz 电源 | □是　□否 |

## 二、牵引电动机吹尘（表3-69）

**牵引电动机吹尘任务实施**　　　　　　　　　表3-69

| 图示 | 吹尘要求 | 实施情况 |
|---|---|---|
| | 将电动机放置推车上，推入吹尘室内部转盘处 | □是　□否 |
| | 连接吹尘设备，风枪头从观察孔伸入吹尘室 | □是　□否 |
| | 人员在吹尘室外部，握住风枪对电动机进行吹尘，同时通过操纵吹尘室转动电动按钮，可转动电动机方向，从而达到更好的吹尘效果 | □是　□否 |
| | 电动机吹尘要求：电动机四周全覆盖吹尘，直至吹尘再无效果 | □是　□否 |

## 三、牵引电动机检修（表3-70）

**牵引电动机检修任务实施**　　　　　　　　　表3-70

| 序号 | 内容 | 图示 | 检修要求 | 实施情况 |
|---|---|---|---|---|
| 1 | 电动机分解 | 油封 | 拆卸非驱动端油封，取下端盖，清理废油脂 | □是　□否 |
| | | 驱动端端子 | 拆卸驱动端端盖固定螺栓，分离端盖与机壳 | □是　□否 |

项目三　城市轨道交通车辆牵引系统设备检修

续上表

| 序号 | 内容 | 图示 | 检修要求 | 实施情况 |
|---|---|---|---|---|
| 1 | 电动机分解 | 转子工装<br>轴承退卸工装<br>转子 | 用转子专用工装,配合起吊机抽出转子 | □是　□否 |
| | | | 用轴承推卸工装退出转子轴承 | □是　□否 |
| 2 | 定子检修 | 受力部脱漆<br>受力部探伤<br>定子清洗 | 对定子机壳受力部位进行脱漆 | □是　□否 |
| | | | 用马蹄铁对定子机壳受力部位进行磁粉探伤,要求无裂纹 | □是　□否 |
| | | | 定子清洗:清洗介质不允许使用有腐蚀性的清洗液。擦洗过程中不能伤到有绝缘要求的部件,不能清洗轴承 | □是　□否 |
| | | | 定子采用立式浸水检测绝缘电阻,引线头露出水面,测试绕组搭铁绝缘电阻 | □是　□否 |

续上表

| 序号 | 内容 | 图示 | 检修要求 | 实施情况 |
|---|---|---|---|---|
| 2 | 定子检修 | 三相阻值测试 绝缘测试 耐压测试 | 测试电压1000V,测试时间20min(从定子装配入水开始每10min测试一次),浸水后的绝缘电阻阻值要求不小于10MΩ,绝缘电阻阻值低于10MΩ时重新嵌线 | □是 □否 |
| | | | 定子烘干:将清洗完成的定子放入烘箱进行干燥烘潮,温度110℃±5℃,保温8~10h | □是 □否 |
| | | | 定子浸漆:对定子装配进行真空压力浸漆并旋转烘焙,浸漆过程中对机座内壁及各螺纹进行防护 | □是 □否 |
| | | | 定子三相阻值测试:三相平均值差值在5%以内 定子搭铁绝缘测试:DC 1000V,绝缘值>100MΩ。 定子搭铁耐压测试: AC 2200V,1min,无击穿 | □是 □否 |
| 3 | 转子检修 | 转子 轴径探伤 | 用高压风枪对转子通风孔等各部位再次清洁,用酒精抹布对转子外表进行清洁,要求干净无灰尘 | □是 □否 |
| | | | 检查转子外观,要求端环、铁芯、导条等各部件无脱焊、严重烧蚀现象 | □是 □否 |

续上表

| 序号 | 内容 | 图示 | 检修要求 | 实施情况 |
|---|---|---|---|---|
| 3 | 转子检修 | 动平衡测试 振动测试 | 用马蹄铁对定子机壳受力部位进行磁粉探伤,要求无裂纹 | □是 □否 |
| | | | 测量轴径两端轴承配合位置尺寸,便于轴承过盈量选配 | □是 □否 |
| | | | 转子动平衡:要求两端残余不平衡量≤1g,平衡块安装牢固、可靠 | □是 □否 |
| | | | 检查电动机轴端螺纹状态,确保螺纹完好无损;测量转子外表面径向跳动不得超过0.18mm | □是 □否 |
| 4 | 电动机组装 | | 检查轴承保持架及外观良好(轴承一般5年更新1次) | □是 □否 |
| | | | 将驱动端轴承内圈加热到120℃±5℃,热套在轴承位上,热套到位紧密 | □是 □否 |
| | | | 使用专用工装将非传动端轴承压装到轴承室中,要求压装过程中保持工装水平,且工装要安装到位 | □是 □否 |
| | | | 将端盖在烘箱中烘焙120℃±5℃,保温1h,将传动端轴承放入端盖轴承室中,确保轴承安装质量 | □是 □否 |

续上表

| 序号 | 内容 | 图示 | 检修要求 | 实施情况 |
|---|---|---|---|---|
| 4 | 电动机组装 | | 转子安装前,确保检修合格,外观干净,利用工装装入转子 | □是 □否 |
| | | | 待转子安装到位后,安装传动端外轴承盖、油封等,外油封加热温度为120℃±5℃,要求套装到位,贴合紧密 | □是 □否 |
| | | | 各部件安装符合力矩要求,安装完毕后,手动转动转子无卡滞,测量转轴轴伸中部径向跳动,要求≤0.05mm | □是 □否 |

## 四、牵引电动机测试(表3-71)

牵引电动机测试任务实施　　　　　表3-71

| 图示 | 测量要求 | 实施情况 |
|---|---|---|
| | 定子三相阻值测试:三相平均值差值在5%以内;<br>搭铁绝缘测试:DC 1000V,绝缘值>100MΩ | □是 □否 |
| | 空载试验,要求转动30min、驱动端温度<70℃、非驱动端温度<50℃、振动值应≤2.8mm/s,期间无异常。空载结束惰行时在两端油嘴处用油枪按标记量加入润滑脂 | □是 □否 |
| | 测量空载后定子搭铁绝缘:DC 1000V,绝缘值>2MΩ | □是 □否 |

续上表

| 图示 | 测量要求 | 实施情况 |
|---|---|---|
|  | 超速试验,要求电动机在热态下,应能承受在4779r/min转速下,持续运行2min | □是 □否 |
|  | 振动试验:电动机在转速2015r/min及4779r/min时,气隙不均匀度不大于10%。电动机机身各振动测试点振动速度限值≤2.8mm/s | □是 □否 |

## 检查控制

根据牵引电动机检修计划及实施情况,指导老师对作业质量进行检查和评价(表3-72)。

任务学习情况检查评价表　　　　　　　　　　　表3-72

| 序号 | 检查内容 | 检查结果 |
|---|---|---|
| 1 | 电动机整机清洁符合要求 | □是 □否 |
| 2 | 探伤部件无裂纹 | □是 □否 |
| 3 | 机壳、定子绕组、转子外观无异常,符合检修要求 | □是 □否 |
| 4 | 三相绕组、绝缘电阻、耐压测试符合要求 | □是 □否 |
| 5 | 空载试验、超速试验、振动试验等符合要求 | □是 □否 |

存在问题:

整改意见:

确认签字:　　　年　月　日

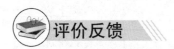 评价反馈

(1)指导老师根据任务实施情况,对完成的工作量进行检查统计(表3-73)。

**任务实施完成情况表** 表3-73

| 序号 | 作业分类 | 作业内容 | 完成结果 |
|---|---|---|---|
| 1 | 作业条件确认 | 状态确认 | □是 □否 |
| 2 | 牵引电动机除尘 | 电动机外观除尘 | □是 □否 |
| 3 | 牵引电动机检修 | 电动机分解 | □是 □否 |
| 4 | | 电动机三相/接地电缆拆除 | □是 □否 |
| 5 | 定子检修 | 定子探伤 | □是 □否 |
| 6 | | 定子清洗 | □是 □否 |
| 7 | | 定子浸漆 | □是 □否 |
| 8 | | 定子测试 | □是 □否 |
| 9 | | 定子状态检查 | □是 □否 |
| 10 | 转子检修 | 转子清洁 | □是 □否 |
| 11 | | 转子外观检查 | □是 □否 |
| 12 | | 转子探伤 | □是 □否 |
| 13 | | 转子测量 | □是 □否 |
| 14 | 牵引电动机组装 | 轴承检查及安装 | □是 □否 |
| 15 | | 电动机定转子、总装部件装配 | □是 □否 |
| 16 | | 安装后状态检查 | □是 □否 |
| 17 | 牵引电动机 | 电阻测试 | □是 □否 |
| 18 | | 动态试验 | □是 □否 |

存在问题:

整改意见:

确认签字: 年 月 日

(2)根据任务实施情况,小组人员进行自我评价,指导老师对作业人员表现进行综合评价。

①作业人员评价：_____

②互控人员评价：_____

③指导老师评价：_____

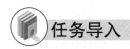

一、填空题

(1) 牵引电动机额定电压为_____V。

(2) 牵引电动机额定电流为_____A。

(3) 牵引电动机额定功率为_____kW。

(4) 牵引电动机额定转速为_____r/min。

(5) 牵引电动机驱动端轴承和端盖的加热温度为_____℃，保温1h。

二、简答题

(1) 异步牵引电动机的定义是什么？

(2) 牵引电动机检修时需要探伤的部件和探伤的方式是什么？

(3) 牵引电动机空载试验的要求是什么？

(4) 牵引电动机超速试验的要求是什么？

(5) 牵引电动机振动试验的要求是什么？

## 任务五　高速断路器检修

### 任务导入

某地铁公司架修车间电气班班长，当日收到生产调度派发的0307电客车架修生产任务后，班长将高速断路器架修生产任务派发给班组×××员工，×××收到任务后进行作业前准备工作。

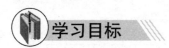

### 1. 知识目标

◆能口述高速断路器原理及结构；

※能口述高速断路器拆装及试验步骤。

### 2. 技能目标

※能在实训现场或利用情景演示，口述或手动完成高速断路器检修作业；

◆能发现他人在执行高速断路器检修流程中存在的问题。

注：※学习难点；◆学习重点。

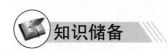

## 一、高速断路器定义及结构组成

### 1. 高速断路器定义

高速断路器是用于保护轨道交通车辆上直流回路中电气设备的断路器，具有自由脱扣、快速分断、检测线路短路的功能，同时在分断过程中能够快速熄灭恒定过电压所产生的电弧。

### 2. 高速断路器结构组成

一列6辆编组的电客车，分别以1辆拖车(Tc车)加2辆动车(M车)组成一个单元。高速断路器一般设置在每个单元的动车车下，由于高速断路器型号不同，其在结构、控制原理也存在一定差异，现就以赛雪龙型UR6型高速断路器的结构为例进行介绍，其主要结构可参考高速断路器实物(图3-9)、结构图(图3-10)。

图3-9 高速断路器实物图

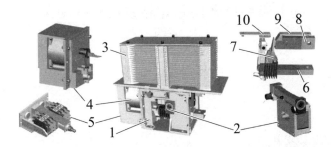

图 3-10 高速断路器结构图

1-玻璃纤维组成的绝缘框架;2-过电流脱扣装置;3-灭弧罩;4-合闸装置和拨叉;5-辅助触点组件;6-下连接铜排;7-动触头;8-上连接铜排;9-带引弧条的静触头;10-引弧条

## 二、高速断路器相关技术参数

高速断路器相关技术参数见表 7-74。

高速断路器相关技术参数　　　　表 7-74

| 序号 | 名称 | 技术标准 |
| --- | --- | --- |
| 1 | 额定电流 | 1000A |
| 2 | 额定电压 | 2000V |
| 3 | 额定控制回路电压 | DC 100V |
| 4 | 机械耐久手柄 | 开闭动作 50 万次 |
| 5 | 拉开动作 | 2 万次 |
| 6 | 主触点动作时间 | 接通 70~150ms,断开 8~15ms |

## 三、高速断路器原理

当高速断路器接收到合闸命令时,合闸装置推动拨叉,由拨叉推动动触头闭合,同时主触头间产生接触压力。连接动触头的联动杆驱动辅助触点,减振器可对合闸过程中产生的冲击力起到减振作用。主触头闭合后,合闸装置只需借助一个较小的保持电流来维持接触压力,向高速断路器发送一个切断保持电流的分闸命令,此时断路器的拨叉将向合闸装置方向运动。弹簧打开动触头的同时,联动杆驱动辅助触点,减振器可对分闸过程中产生的冲击力起到减振作用。主触头间产生的电弧在引弧条作用下向上运动进入灭弧罩,在灭弧罩中电弧被灭弧栅片分割,电离气体绝大部分被去电离子隔板中和。当主电路中电流超过最大电流设定值时,过电流将提升铁芯并导致杠杆推动拨叉向下运动,动触头释放。

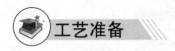

## 一、高速断路器拆卸

**注**:(1)拆卸时注意零部件存放,防止掉落丢失。

(2)分离合闸装置与主回路壳体时注意防护拨叉,以免引起损坏。

(3)灭弧罩在检修过程中,中间突出部位不与地面接触。

(4)灭弧片与灭弧隔板整齐放置,放置丢失。

高速断路器拆卸内容及要求见表3-75。

高速断路器拆卸内容及要求　　　　　　　　　表3-75

| 序号 | 拆卸内容及要求 | 图示 |
|---|---|---|
| 1 | 合闸装置与主回路壳体分离。拆卸4颗M6螺栓,缓慢分离合闸装置与主回路壳体的连接 | |
| 2 | 动、静触头引弧条拆卸。拆卸静触头侧引弧条2颗螺栓,将螺栓拆下后,取出螺母1颗,使用内六角扳手拆卸动触头侧引弧条 | |
| 3 | 静触头拆卸。拆卸静触头与上端子M12螺栓1颗,使用10mm扳手拆卸静触头上双头螺杆两侧螺母,将螺杆从小孔中取出,取出静触头 | |

续上表

| 序号 | 拆卸内容及要求 | 图示 |
|---|---|---|
| 4 | 联动杆拆卸。使用10mm开口扳手拧松联动杆下部螺栓,直到联动杆可以上抬从动触头的卡槽中取出 |   |
| 5 | 动触头拆卸。将动触头上抬,从U形连接空隙中取出动触头 |  |
| 6 | 下连接端子拆卸。拆卸U形连接下部连接端子与下接线端子M12螺栓1颗,拆卸分闸减振器与U形连接组件M5螺栓2颗,将分闸减振器下移,抽出U形连接与下连接端子,再取下分闸减振器 | 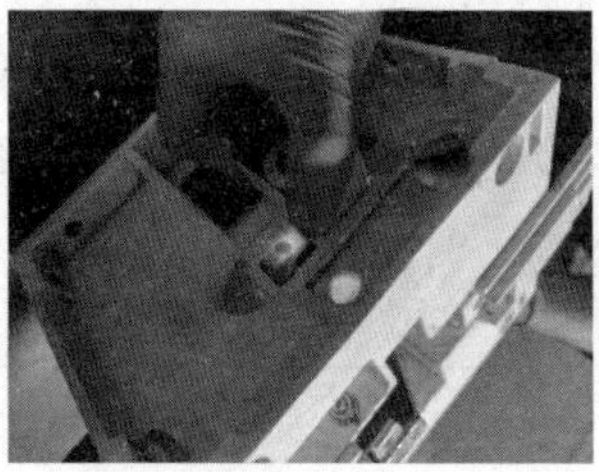 |
| 7 | 取下合闸减振器。取下合闸减振器2套 |  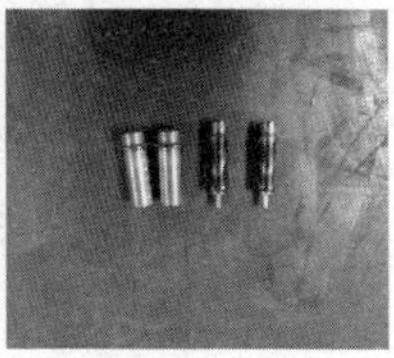 |
| 8 | 脱扣装置拆卸。水平拉出过流脱扣装置,将其从侧面取下 | 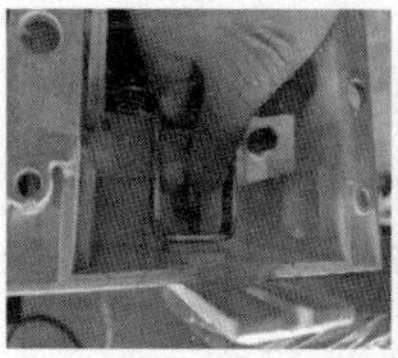 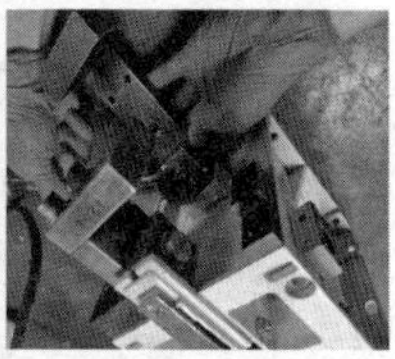 |

续上表

| 序号 | 拆卸内容及要求 | 图示 |
|---|---|---|
| 9 | 合闸装置拆卸。松开线圈盒后盖上4颗M6螺栓,取下后盖,取出套在线圈铁芯上的铜环和钢板,注意线圈上的橡胶垫圈,松开辅助触点接线盒2颗螺栓,同时取出线圈和辅助触点接线盒。注意由于线圈较重,取出时应与接线盒同时取出,避免接线拉扯 | |
| 10 | 灭弧罩拆卸。将上盖板两端分别放置于两个木块上,拆除端盖两侧8颗十字螺栓,用HB专用两爪插头拆掉上盖板板面6个胶帽,抬起上盖即与灭弧罩分离 | |
| 11 | 分解灭弧罩。拆掉灭弧栅6颗M6螺栓,逐片分离各灭弧隔板和灭弧栅片 | |

## 二、高速断路器清洁

**注**:使用工业橡皮擦清除表面氧化物后,需对表面工业橡皮擦残留物进行清除,并且谨防工业橡皮擦残留物掉落至主体内部。

高速断路器清洁内容及要求见表3-76。

高速断路器清洁内容及要求　　　　　　表3-76

| 序号 | 清洁内容及要求 | 图示 |
|---|---|---|
| 1 | 使用酒精清洁高速断路器主体、合闸装置、动静触头及引弧条、联动杆、合闸减振器、脱扣装置、灭弧罩、灭弧隔板及灭弧栅片,要求表面无浮灰、无污垢 | |

续上表

| 序号 | 清洁内容及要求 | 图示 |
|---|---|---|
| 2 | 使用工业橡皮擦擦拭动、静触头接触面,要求有金属光泽、表面无黑色氧化物、无电弧烧蚀 | |

## 三、高速断路器检查

**注**:靠近主触头处灭弧片轻微烧蚀属于正常现象。

高速断路器检查内容及要求见表3-77。

**高速断路器检查内容及要求**　　　　　表3-77

| 序号 | 检查内容及要求 | 图示 |
|---|---|---|
| 1 | 壳体检查。检查壳体表面有无老化及严重裂纹,检查合闸装置及脱扣装置表面有无裂纹 | |
| 2 | 引弧条检查。检查引弧条表面有无破损,若截面积减小到部件原始截面积的一半时,需要进行更换 | |
| 3 | 灭弧罩检查。检查灭弧罩表面、灭弧隔板及底座有无裂纹,表面是否完整、有无烧蚀,检查灭弧片有无严重烧蚀 | |

续上表

| 序号 | 检查内容及要求 | 图示 |
|---|---|---|
| 4 | 其余部件检查。检查联动杆、U形连接、分闸减振器、合闸减振器功能是否正常，有无破损、裂纹；检查固定绝缘架有无破损、裂纹；检查垫圈有无破损，是否弹性良好、无干裂情况 | |

## 四、高速断路器润滑

**注：**（1）动触头下部旋转区域润滑时仅可使用壳牌佳度 S2 V100 3 润滑脂。

（2）其余部位润滑可使用 AEROSHELL 33MS 或 Shell Rhodina LT2 润滑脂。

高速断路器润滑内容及要求见表 3-78。

高速断路器润滑内容及要求　　　　　表 3-78

| 序号 | 润滑内容及要求 | 图示 |
|---|---|---|
| 1 | 动触头下部润滑。动触头下部旋转区域使用壳牌佳度 S2 V100 3 润滑脂润滑，使用毛刷蘸取润滑脂均匀涂抹、无过量溢出 | |
| 2 | 其余活动处涂抹 AEROSHELL 33MS 或 Shell Rhodina LT2 润滑脂，使用毛刷蘸取润滑脂涂抹均匀，不过量。涂抹位置为拨叉表面、联动杆与拨叉接触面、拨叉弹簧上下支座活动处、减振器内部螺纹面、减振器帽外边表面、减振器帽顶部、动触头与减振器接触面、电磁铁芯表面 | |

## 五、高速断路器组装

**注**：安装线圈及辅助触点组件时注意保护导线，防止导线干涉及破损。

高速断路器组装内容及要求见表3-79。

高速断路器组装内容及要求　　　　　　　　　　表3-79

| 序号 | 组装内容及要求 | 图示 |
|---|---|---|
| 1 | 合闸装置组装。将垫圈放入合闸装置后盖中，将线圈套在电磁铁芯上，同时将辅助触点接线盒安放到位，将黄色垫圈放入电磁线圈的浅槽中，将凹槽盖板套在电磁铁芯上，安装到位注意凹槽位置，嵌入铜环，将铜环有凸台的一面嵌入凹槽盖板内环里，安装后盖，紧固力矩4N·m。辅助接线盒螺栓紧固力矩1.5N·m | |
| 2 | 分闸减振器组装。分闸减振器上部螺栓穿过U形连接上部孔，放至白色分闸减振器，沿U形连接上移至顶端，紧固两颗安装螺栓，紧固力矩8N·m | |
| 3 | 过电流脱扣装置组装。将过电流脱扣装置放置到相应位置，安装到位，组合U形连接组件，然后推入过电流脱扣装置安装孔中，连接下端子与连接杆紧固M12螺栓，紧固力矩51N·m | |
| 4 | 动触头及合闸装置组装。将动触头通过U形连接组件放入，顶部先进，动触头底部圆弧放入下连接端子上的凹槽内，将联动杆组件底部螺栓拧至最松，下部先进，推入下连接端子底部，再将联动杆组件竖直，把枢轴轴承安装到下连接凹槽中，架杆放置到动触头凹槽中。将杆架方块的蓝色标记调整至向外，对联动杆组件进行固定，紧固M6螺栓，紧固力矩8N·m | |

续上表

| 序号 | 组装内容及要求 | 图示 |
|---|---|---|
| 5 | 合闸装置与主回路壳体组装。将合闸装置和主回路壳体组装到位,紧固4个M6螺栓,拧紧力矩6.5N·m,组装时注意防护拨叉,以免引起损坏 | |
| 6 | 灭弧罩组装。检查底部4个安装螺栓紧固状态,逐层放置灭弧隔板及灭弧栅片一直到最顶部,安装顶板,紧固6颗螺钉,紧固力矩3.5N·m,安装顶部橡胶螺帽,紧固力矩6N·m,紧固周围8颗螺钉,紧固力矩6N·m | |

## 六、高速断路器测量

**注:** 间隙 $X$ 是指拨叉与滚轴之间的距离。

高速断路器测量内容及要求见表3-80。

高速断路器测量内容及要求　　　　表3-80

| 序号 | 测量内容及要求 | 图示 |
|---|---|---|
| 1 | 主触头磨损测量。取下合闸装置后部黑色盖帽,将赛雪龙深度量规插入端盖之中并接触到螺钉为止,$K \geqslant 0.5mm$ | |
| 2 | 灭弧罩测量。将赛雪龙量板在4个位置插入约100mm的深度,以靠近引弧条的第一块灭弧栅片算起,前6层灭弧栅片在4个位置均应深入100mm | |

续上表

| 序号 | 测量内容及要求 | 图示 |
|---|---|---|
| 3 | 间隙 $X$ 测量。取下合闸装置后部黑色盖帽,将赛雪龙深度量规推入端盖中,使用卡尺测量两次端盖与深度量规之间的距离,第一次在没有推动铁芯组件的情况下测得间隙 $X_1$,第二次推动铁芯组件使得间隙 $X$ 消失并感觉到有阻碍,此时测得间隙 $X_2$, $X = X_1 - X_2$, $X$ 应在 $0.4 \sim 1.0$mm | |

## 七、高速断路器试验

**注:**(1)高速断路器主电路试验中,必须将灭弧罩正确放置到主体上。

(2)低电阻测试仪使用前需归零,以免仪器内部线路造成测量误差。

(3)绝缘电阻测试过程中,严禁触碰设备,谨防触电危险。

高速断路器试验内容及要求见表3-81。

**高速断路器试验内容及要求** 表3-81

| 序号 | 试验内容及要求 | 图示 |
|---|---|---|
| 1 | 绝缘电阻测试。测试控制回路对安装架绝缘,连接测试插头,使用绝缘电阻测试仪,红夹钳夹在测试插头引出线上,黑夹钳夹在安装架的搭铁端子上,要求在 DC 500V 条件下,绝缘阻值 $>5\mathrm{M}\Omega$。高压回路对控制回路绝缘,连接测试插头,短连线连接主电路上下铜排。使用绝缘电阻测试仪,红夹钳夹在主电路上,黑夹钳夹在测试插头引出线上,要求在 DC 1000V 条件下,绝缘阻值 $>10\mathrm{M}\Omega$。高压回路上下端子绝缘,使用绝缘电阻测试仪,红夹钳夹在主电路上部铜排上,黑夹钳夹在下部铜排上,要求在 DC 1000V 条件下,绝缘阻值 $>10\mathrm{M}\Omega$。高压回路对箱体绝缘,短连线连接主电路上下铜排,使用绝缘电阻测试仪, | |

续上表

| 序号 | 试验内容及要求 | 图示 |
|---|---|---|
| 1 | 红夹钳夹在主电路上,黑夹钳夹在箱体搭铁线上,要求在 DC 1000V 条件下,绝缘阻值 > 10MΩ | 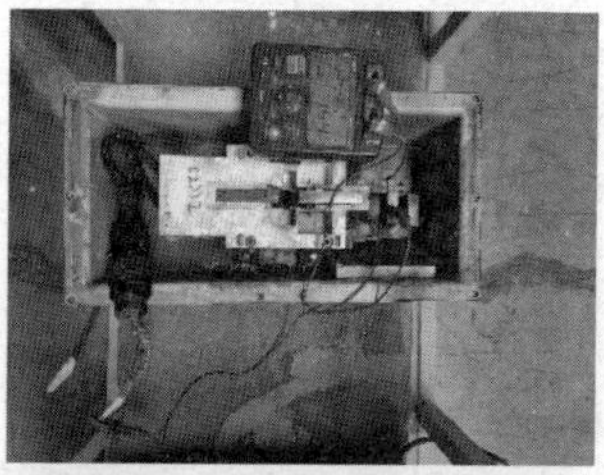 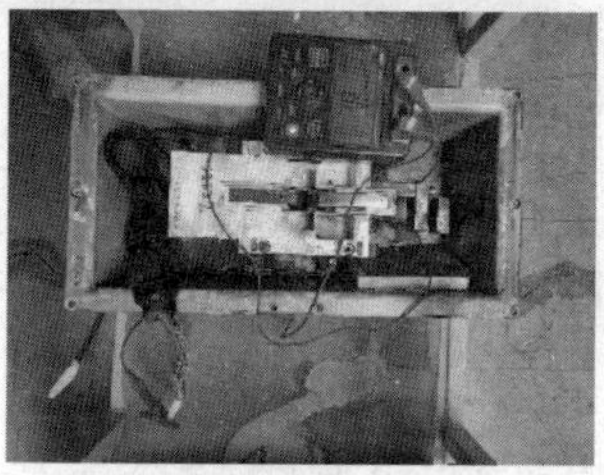 |
| 2 | 最低吸合电压、最高分断电压测试。测试吸合电压及分断电压,通过电压调节旋钮,记录下最低吸合电压、最高分断电压。最低吸合电压≤DC 77V,最高分断电压≥DC 3.86V | 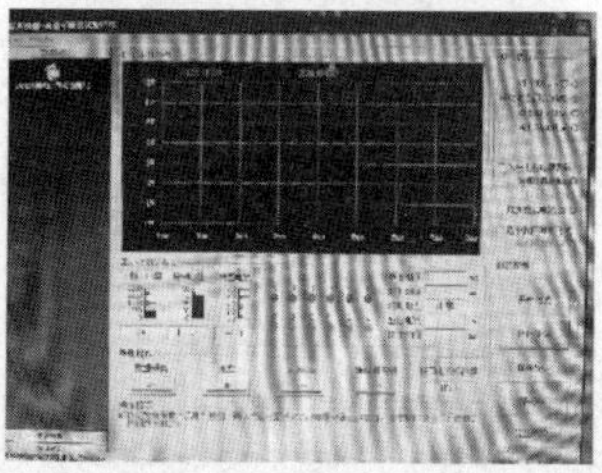 |
| 3 | 主触点接触电阻测试。吸合高速断路器,使用低电阻测试仪测试吸合后主触点接触电阻,要求 < 0.3mΩ。测量时低电阻测试仪夹钳分别夹在上下端子上 | 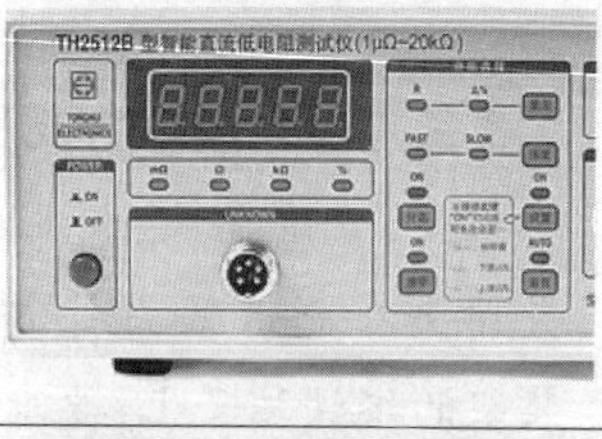 |
| 4 | 吸合、断开时间测试。测试高速断路器吸合及断开时间,要求吸合时间 < 70ms,断开时间 < 10ms | 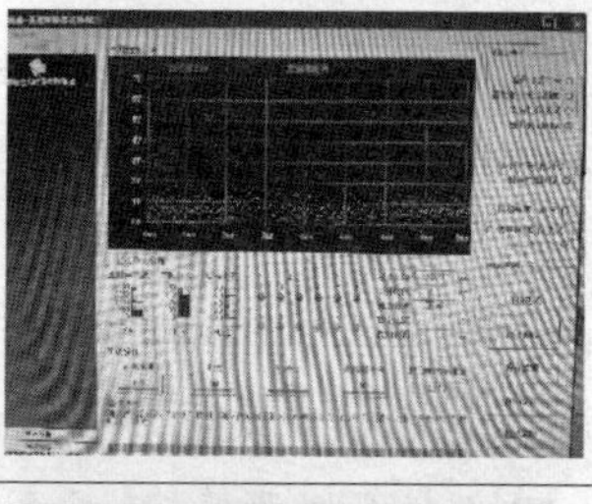 |
| 5 | 脱扣电流测试。测试高速断路器脱扣电流,要求电流在 1350 ~ 1650A | 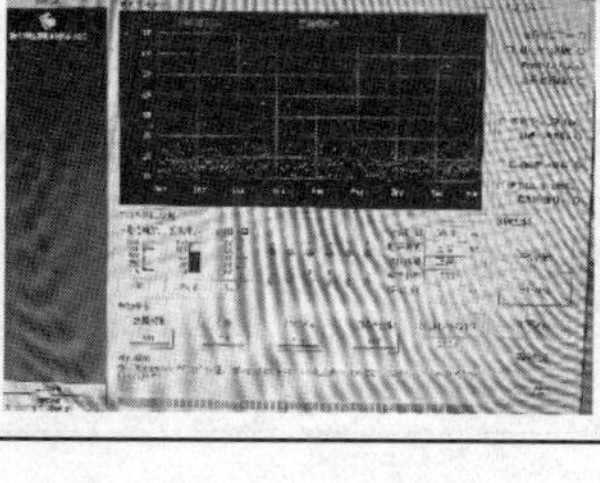 |

续上表

| 序号 | 试验内容及要求 | 图示 |
|---|---|---|
| 6 | 脱扣时间测试。测量高速断路器过电流脱扣时间,要求脱扣时间<10ms | |

## 信息收集

我们的任务是:_____

_____

为了顺利完成本任务,请完成以下信息收集(表3-82)。

信息收集　　　　　　　　　表3-82

| 序号 | 信息类别 | 相关要求 | 是否完成 |
|---|---|---|---|
| 1 | 作业条件 | 绝缘工作台 | □是　□否 |
| 2 | 人员要求 | 穿戴劳保鞋、安全帽 | □是　□否 |
| | | 穿戴防护服、防护手套、绝缘手套 | □是　□否 |
| 3 | 注意事项 | 进行高速断路器试验时,必须将灭弧罩正确安装在引弧条上,防止电弧破坏高速断路器 | □是　□否 |
| | | 绝缘电阻测试过程中,严禁触碰 | □是　□否 |
| | | 高速断路器试验过程中,为了保证安全,需在高速断路器整体外围放置防护罩 | □是　□否 |
| | | 高速断路器吸合过程中,动触头瞬时力极大,严禁人员将手指伸进主触头内部 | □是　□否 |
| | | 为保证人员安全,盖上防护罩后,闭合电源,试验结束后,首先断开电源,再取下防护罩 | □是　□否 |
| | | 作业后出清现场物料 | □是　□否 |

续上表

| 序号 | 信息类别 | 相关要求 | 是否完成 |
|---|---|---|---|
| 4 | 作业关键点 | 高速断路器细小零部件较多,需注意零部件存放 | □是 □否 |
| | | 高速断路器螺栓种类较多,力矩等级差异较大,在进行紧固操作时,严格按照力矩要求进行紧固 | □是 □否 |
| | | 高速断路器对安装精度要求较高,安装时注意各部件配合到位 | □是 □否 |
| | | 灭弧罩胶帽在安装过程中采用对角预紧紧固方法 | □是 □否 |
| | | 灭弧栅片及灭弧隔板在逐层组装过程中注意确保每层均处于压紧状态 | □是 □否 |
| | | 脱扣电流值若不符合要求,需按照脱扣装置标识进行调节 | □是 □否 |
| | | 测试完及时恢复设备状态 | □是 □否 |

情况说明:

确认签字:　　　年　月　日

## 制订计划

(1)根据检修任务要求制订检修计划,并描述作业关键点(表3-83)。

检修计划　　　　　　　　　　　　　　表3-83

| 序号 | 作业流程 | 作业关键点 |
|---|---|---|
| 1 | 拆卸 | |
| 2 | 清洁 | |
| 3 | 检查 | |
| 4 | 润滑 | |
| 5 | 组装 | |
| 6 | 测量 | |
| 7 | 试验 | |

续上表

| 审核意见: |
|---|
| 确认签字：　　　　　　年　月　日 |

(2)根据检修计划做好作业前的准备工作(表3-84)。

**检测设备、工器具、物料、劳保用品**　　　　　　表3-84

| 序号 | 名称 | 数量 | 清点 |
|---|---|---|---|
| 1 | 手套 | 2只 | □已清点 |
| 2 | 5.5mm、6mm、8mm、13mm、17mm、18mm、19mm 棘开两用扳手 | 各1把 | □已清点 |
| 3 | 38件套筒组套 | 1套 | □已清点 |
| 4 | 58件套筒组套 | 1套 | □已清点 |
| 5 | 力矩扳手 | 1把 | □已清点 |
| 6 | 9件内六角扳手组套 | 1套 | □已清点 |
| 7 | 抹布 | 0.5m | □已清点 |
| 8 | 低电阻测试仪 | 1台 | □已清点 |
| 9 | 高速断路器试验台 | 1台 | □已清点 |
| 10 | 绝缘电阻测试仪 | 1台 | □已清点 |
| 11 | 酒精 | 1瓶 | □已清点 |
| 12 | 赛雪龙专用工具套件 | 1套 | □已清点 |
| 13 | 壳牌佳度 S2 V100 3 润滑脂 | 1桶 | □已清点 |
| 14 | 红、黑划线笔 | 各1支 | □已清点 |
| 15 | AEROSHELL 33MS 或 Shell Rhodina LT2 润滑脂 | 1桶 | □已清点 |
| 16 | 工业橡皮擦 | 1个 | □已清点 |
| 17 | 砂纸 | 2张 | □已清点 |
| 18 | 10mm 开口扳手 | 2把 | □已清点 |

| 情况说明： |
|---|
| 确认签字：　　　　　　年　月　日 |

(3)根据检修计划,完成小组分工及作业安全预想(表3-85)。

小组分工　　　　　　　　　　　　　表3-85

| 作业人 | | 互控人 | |
|---|---|---|---|
| 作业安全预想 | | | |
| 作业前 | | | |
| 作业中 | | | |
| 作业后 | | | |

## 任务实施

### 一、作业条件确认(表3-86)

作业条件确认　　　　　　　　　　　　表3-86

| 图示 | 条件要求 | 实施情况 |
|---|---|---|
| | 高速断路器平稳、可靠地放置在绝缘工作台上 | □是　□否 |

## 二、高速断路器拆卸（表3-87）

**高速断路器拆卸任务实施**　　　　　　表3-87

| 图示 | 拆卸要求 | 实施情况 |
|---|---|---|
|  | 合闸装置与主回路壳体分离 | □是　□否 |
|  | 动、静触头引弧条拆卸 | □是　□否 |
|  | 静触头拆卸 | □是　□否 |
|  | 联动杆拆卸 | □是　□否 |
|  | 动触头拆卸 | □是　□否 |
|  | 下连接端子拆卸 | □是　□否 |
|  | 取下合闸减振器 | □是　□否 |
|  | 脱扣装置拆卸 | □是　□否 |
|  | 合闸装置拆卸 | □是　□否 |
|  | 灭弧罩拆卸 | □是　□否 |
|  | 分解灭弧罩 | □是　□否 |

## 三、高速断路器清洁（表3-88）

**高速断路器清洁任务实施**　　　　　　表3-88

| 图示 | 清洁要求 | 实施情况 |
|---|---|---|
| | 抹布蘸取酒精 | □是　□否 |
| | 清洁高速断路器主体、合闸装置、动静触头及引弧条、联动杆、合闸减振器、脱扣装置、灭弧罩、灭弧隔板及灭弧栅片 | □是　□否 |
| | 要求表面清洁无污垢 | □是　□否 |
| | 使用工业橡皮擦擦拭动、静触头接触面 | □是　□否 |
| | 要求去除表面氧化物 | □是　□否 |

## 四、高速断路器检查（表3-89）

**高速断路器检查任务实施**　　　　　　表3-89

| 图示 | 检查要求 | 实施情况 |
|---|---|---|
| | 壳体表面有无老化及严重裂纹 | □是　□否 |
| | 引弧条表面无破损 | □是　□否 |

续上表

| 图示 | 检查要求 | 实施情况 |
|---|---|---|
| | 灭弧罩表面、灭弧隔板及底座无裂纹 | □是 □否 |
| | 联动杆、U形连接、分闸减振器、合闸减振器功能是否正常,垫圈无破损、弹性良好 | □是 □否 |

## 五、高速断路器润滑(表3-90)

高速断路器润滑任务实施　　　　　　　　　　表3-90

| 图示 | 润滑要求 | 实施情况 |
|---|---|---|
| | 壳牌佳度 S2 V100 3 润滑脂 | □是 □否 |
| | 动触头下部旋转区域 | □是 □否 |
| | 均匀涂抹、无过量溢出 | □是 □否 |
| | AEROSHELL 33MS 或 Shell Rhodina LT2 润滑脂 | □是 □否 |
| | 拨叉表面、联动杆与拨叉接触面、拨叉弹簧上下支座活动处,减振器内部螺纹面、减振器帽外边表面、减振器帽顶部,动触头与减振器接触面,电磁铁芯表面 | □是 □否 |

续上表

| 图示 | 润滑要求 | 实施情况 |
|---|---|---|
|  | 均匀涂抹、无过量溢出 | □是　□否 |

## 六、高速断路器组装(表3-91)

**高速断路器组装任务实施**　　　　表3-91

| 图示 | 组装要求 | 实施情况 |
|---|---|---|
|  | 合闸装置组装 | □是　□否 |
|  | 各部件安装位置正确、力矩紧固准确 | □是　□否 |
|  | 分闸减振器组装 | □是　□否 |
|  | 各部件安装位置正确、力矩紧固准确 | □是　□否 |
|  | 过电流脱扣装置组装 | □是　□否 |
|  | 安装位置正确 | □是　□否 |
|  | 动触头及合闸装置组装 | □是　□否 |
|  | 各部件安装位置正确、力矩紧固准确 | □是　□否 |

续上表

| 图示 | 组装要求 | 实施情况 |
|---|---|---|
| | 合闸装置与主回路壳体组装 | □是 □否 |
| | 各部件安装位置正确、力矩紧固准确 | □是 □否 |
| | 灭弧罩组装 | □是 □否 |
| | 各部件安装位置正确、力矩紧固准确 | □是 □否 |

## 七、高速断路器测量(表3-92)

高速断路器测量任务实施　　　　　　　表3-92

| 图示 | 测量要求 | 实施情况 |
|---|---|---|
| | 主触头磨损测量 | □是 □否 |
| | $K$ 值大于 0.5mm | □是 □否 |
| | 灭弧罩测量 | □是 □否 |
| | 前6层均可以深入100mm | □是 □否 |
| | 间隙 $X$ 测量 | □是 □否 |
| | $X$ 值在 0.4~1.0mm 之间 | □是 □否 |

## 八、高速断路器试验（表3-93）

**高速断路器试验任务实施**  表3-93

| 图示 | 试验要求 | 实施情况 |
|---|---|---|
| | 测量控制回路对安装架绝缘电阻 | □是 □否 |
| | 在 DC 500V 条件下，绝缘阻值 >5MΩ | □是 □否 |
| | 测量高压回路对控制回路、高压回路上下端子、高压回路对箱体绝缘电阻 | □是 □否 |
| | 在 DC 1000V 条件下，绝缘阻值 >10MΩ | □是 □否 |
| | 测量最低吸合电压、最高分断电压 | □是 □否 |
| | 最低吸合电压 ≤DC 77V，最高分断电压 ≥DC 3.86V | □是 □否 |
| | 测量主触点接触电阻 | □是 □否 |
| | 触点接触电阻 <0.3mΩ | □是 □否 |
| | 测量吸合、断开时间 | □是 □否 |
| | 吸合时间 <70ms，断开时间 <10ms | □是 □否 |
| | 测量脱扣电流 | □是 □否 |
| | 脱扣电流在 1350～1650A 之间 | □是 □否 |
| | 测量脱扣时间 | □是 □否 |
| | 脱扣时间 <10ms | □是 □否 |

 **检查控制**

根据高速断路器检修计划及实施情况,指导老师对作业质量进行检查和评价(表 3-94)。

**任务学习情况检查评价表**　　　　　　　表 3-94

| 序号 | 检查内容 | 检查结果 |
|---|---|---|
| 1 | 高速断路器引弧条、静触头、动触头、合闸装置、合闸减振器组件、灭弧罩等拆卸顺序是否正确,拆卸是否全面 | □是　□否 |
| 2 | 高速断路器主体、静触头、动触头、合闸装置、合闸减振器组件、灭弧罩等清洁是否无污垢 | □是　□否 |
| 3 | 高速断路器主体、静触头、动触头、合闸装置、合闸减振器、灭弧罩、垫圈等检查是否符合要求 | □是　□否 |
| 4 | 动触头、拨叉、联动杆、合闸减振器、动铁芯等润滑油脂是否使用正确,润滑是否均匀 | □是　□否 |
| 5 | 高速断路器引弧条、静触头、动触头、合闸装置、合闸减振器组件、灭弧罩等组装顺序是否正确,是否正确安装到位,力矩是否紧固正确 | □是　□否 |
| 6 | 主触头磨耗、灭弧隔板及灭弧栅片之间间隙、X 间隙测量方法是否正确,测量结果是否正确 | □是　□否 |
| 7 | 绝缘电阻测量、主触头接触电阻、最低吸合电压、最高分断电压、脱扣电流值、吸合分断时间等试验方法是否正确 | □是　□否 |

存在问题:

整改意见:

确认签字:　　　　　年　月　日

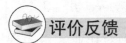 **评价反馈**

(1)指导老师根据任务实施情况,对完成的工作量进行检查统计(表 3-95)。

**任务实施完成情况表**　　　　　　　　　　　　　表 3-95

| 序号 | 作业分类 | 作业内容 | 完成结果 |
|---|---|---|---|
| 1 | 作业条件确认 | 状态确认 | □是　□否 |
| 2 | 高速断路器拆卸 | 高速断路器引弧条、静触头、动触头、合闸装置、合闸减振器组件、灭弧罩等拆卸 | □是　□否 |
| 3 | 高速断路器清洁 | 高速断路器主体、静触头、动触头、合闸装置、合闸减振器组件、灭弧罩等清洁 | □是　□否 |
| 4 | 高速断路器检查 | 高速断路器主体、静触头、动触头、合闸装置、合闸减振器、灭弧罩、垫圈等检查 | □是　□否 |
| 5 | 高速断路器润滑 | 动触头、拨叉、联动杆、合闸减振器、动铁芯等润滑 | □是　□否 |
| 6 | 高速断路器组装 | 高速断路器引弧条、静触头、动触头、合闸装置、合闸减振器组件、灭弧罩等组装 | □是　□否 |
| 7 | 高速断路器测量 | 主触头磨耗、灭弧隔板及灭弧栅片之间间隙、X 间隙测量 | □是　□否 |
| 8 | 高速断路器试验 | 绝缘电阻测量、主触头接触电阻、最低吸合电压、最高分断电压、脱扣电流值、吸合分断时间等试验 | □是　□否 |

存在问题：

整改意见：

确认签字：　　　年　月　日

(2) 根据任务实施情况，小组人员进行自我评价，指导老师对作业人员表现进行综合评价。

①作业人员评价：_____

_____

②互控人员评价：_____

_____

③指导老师评价：_____

_____

## 知识巩固

一、填空题

(1) 主触头间产生的电弧在引弧条作用下向上运动进入灭弧罩，在灭弧罩中电弧被灭弧栅片分割，_____绝大部分被去电离子隔板中和。

(2) 动触头下部旋转区域使用_____润滑脂润滑。

(3) 主触头磨损测量，取下合闸装置后部黑色盖帽，将赛雪龙深度量规插入端盖之中并接触到螺钉为止，$K$_____。

(4) 测试高速断路器吸合及断开时间，要求吸合时间_____，断开时间_____。

(5) 测试高速断路器脱扣电流，要求_____。

二、简答题

(1) 简述高速断路器主要功能。

(2) 简述高速断路器拆卸步骤。

(3) 简述高速断路器润滑部位。

(4) 简述高速断路器组装步骤。

(5) 简述高速断路器试验步骤。

# 项目四　城市轨道交通车辆辅助供电系统电气设备检修

电客车辅助供电系统一般包括辅助逆变器系统、电客车操控电源及应急电源蓄电池系统、电客车照明系统,其中辅助逆变器系统由起动装置、辅助逆变装置、整流装置组成,蓄电池系统由两套蓄电池组串联形成电源,列车照明系统一般包括前照灯、司机室照明灯、客室常用照明灯、紧急照明灯以及贯通道照明灯。另外辅助逆变系统及蓄电池组均为冗余设计,分别设置在头尾车,单侧电源故障时可进行扩展供电。辅助供电系统设备的检修目的是延长设备的使用寿命,降低其故障发生率,有效提升设备持续工作的稳定性,本项目学习任务分为:任务一,辅助逆变器的检修;任务二,蓄电池的结构认知与检修;任务三,列车照明系统检修;任务四,空调机组检修。

## 任务一　辅助逆变器的检修

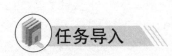

### 任务导入

某地铁公司大修车间电气班班长,当日收到生产调度派发的0337电客车架修生产任务后,班长将辅助逆变器架修生产任务派发给班组×××员工,×××收到任务后进行作业前准备工作。

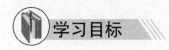

### 学习目标

1. 知识目标
◆能口述辅助逆变器定义和组成部分;
※能口述辅助逆变器测试作业方法及标准。
2. 技能目标
※能在实训现场或利用情景演示,口述或手动完成辅助逆变器检修作业;

项目四　城市轨道交通车辆辅助供电系统电气设备检修

◆能发现他人在执行辅助逆变器检修流程中存在的问题。

**注**：※学习难点；◆学习重点。

### 知识储备

## 一、辅助逆变器定义及结构组成

1. 辅助逆变器定义

辅助逆变器是一种具备逆变、变压、整流、斩波功能的综合电气设备，目前轨道交通行业制造辅助逆变器的厂家主要有日立、阿尔斯通、株洲时代、西门子等，本任务就以日立的辅助逆变器为例进行介绍。辅助逆变器又称SIV，是指将接触网引入的DC 1500V高压逆变成三相交流电，为电客车辅助系统设备提供电源，同时辅助逆变器的整流装置，还具备整流和斩波功能，可通过三相全波整流将AC 380V转换成DC 110V为直流控制设备供电，斩波器可将DC 110V转换成DC 24V为电客车仪表类设备供电。

2. 辅助逆变器结构组成

一列6辆编组的电客车，一般以3辆车为一个供电系统单元，分别在头尾车各装备一套辅助逆变设备，每套设备由启动装置、逆变装置、整流装置组成。其中辅助逆变器装置组成主要包括控制逻辑部、耐压连接器、动力单元、AC滤波电容、备用电容、AC电抗器、CT、PT、电磁接触器、充电电阻、放电电容、电源模块等主要设备，具体部件安装位置可参考辅助逆变器实物（图4-1）、部分结构图（图4-2）。

图4-1　辅助逆变器实物

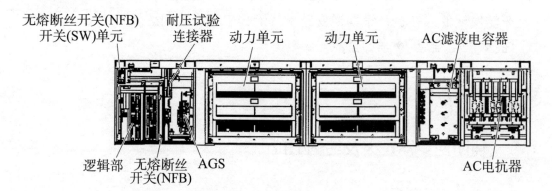

图 4-2 辅助逆变器结构

## 二、辅助逆变器主要技术参数

辅助逆变器主要技术参数见表 4-1。

**辅助逆变器相关技术参数** 表 4-1

| 序号 | 名称 | 技术参数 |
| --- | --- | --- |
| 1 | 高压输入额定电压 | DC 1500V |
| 2 | 电压波动范围 | DC 1000V ~ DC 1800V |
| 3 | 低压控制额定电压 | DC 110V |
| 4 | 变化范围 | DC 77V ~ DC 121V |
| 5 | 交流输出 | 三相 AC 380V,50Hz,三相四线制(含单相 220V) |
| 6 | 容量 | 185kVA |
| 7 | 负载功率因数 | >0.85(电感性负载) |
| 8 | 电压精度 | 380V ± 19V |
| 9 | 频率精度 | 50Hz ± 1Hz |
| 10 | 滤波电容 | 2000μF ± 200μF |
| 11 | 三相电容 | 525μF ± 15μF |
| 12 | 备用电容 | 1200μF ± 120μF |
| 13 | 充电电阻 | 10Ω ± 1Ω |
| 14 | 放电电阻 | 500Ω ± 50Ω |

## 三、辅助逆变器工作原理

辅助逆变器主要是将接触网引入的 DC 1500V 高压通过其逆变作用,转换成电客车辅助负载所需的 AC 380V 三相交流电,保证各负载的正常运行。其主要原理为:辅助控制电路在通入 DC 110V 电源后,当电压传感器(DCPT)检测到有 DC 1500V 高压信号时,辅助逆变器逻辑部对动力单元(IGBT)输出控制指令,将门极进行打开,从而将直流高压通过 IGBT 逆变成交流低压,最终输出为辅助系统负载提供电源。

## 工艺准备

### 一、IVLB 接触器检修

**注**:接触器灭弧罩安装时,注意应与拆卸前位置相同。
IVLB 接触器检修内容及要求见表 4-2。

IVLB 接触器检修内容及要求　　　　表 4-2

| 序号 | 检修内容及要求 | 图示 |
| --- | --- | --- |
| 1 | 使用酒精清洁接触器整体及灭弧罩,要求无浮灰、无污垢,检查接触器整体及灭弧罩外观无裂纹、无破损,灭弧罩要求内外无变色、无异常烧黑情况 | |
| 2 | 检查主触点磨损情况,触头磨损烧蚀应出现在触头接触面上半部分,若距接触面底端约 7mm 以下出现明显烧蚀,需用 600# 以上砂纸对主触头接触面进行打磨,检查主触头厚度(触头接触面至触头后部凸面最高交线处),要求 >3mm | |
| 3 | 检查接触器行程开关,要求外观正常、无裂纹、接触点无烧蚀变色、动作灵活无卡滞。检查接线,紧固状态良好 | |

## 二、HK1、HK2 接触器检修

**注**：接触器灭弧罩安装时，注意与拆卸前位置相同。

HK1、HK2 接触器检修内容及要求见表 4-3。

**HK1、HK2 接触器检修内容及要求**　　　　　表 4-3

| 序号 | 检修内容及要求 | 图示 |
|---|---|---|
| 1 | 使用酒精清洁接触器整体，要求无灰尘、无污垢，外观无破损、无裂纹、无异常变色 | |
| 2 | 检查 HK1、HK2 灭弧罩，要求内外无变色、无异常烧黑情况 | |
| 3 | 检查接触器主触头，要求无碳化、缺损、严重烧蚀情况，主触头厚度 >3mm，检查接线状态良好、紧固，辅助触点接线紧固、无烧蚀变色 | |

## 三、控制逻辑部检修

**注**：(1) 各插头插座在拆装过程中均需注意插针位置，注意应平行拆装，不可强行拆装，避免插针损坏。

(2) 拆装过程中不要刮碰到基板焊锡面的零件及零件导线，确认电路板和导轨双方名称一致后再进行安装。

控制逻辑部检修内容及要求见表 4-4。

控制逻辑部检修内容及要求　　　　　表 4-4

| 序号 | 检修内容及要求 | 图示 |
|---|---|---|
| 1 | 使用酒精清洁控制逻辑部,要求无浮灰、无污垢。检查控制逻辑部,要求外观正常、各光纤、插头安装到位、无变色、无异味,各插头插针无弯曲、变色、缩针情况 | |
| 2 | 使用酒精清洁控制逻辑部散热风扇,要求无浮灰、无污垢。检查散热风扇,要求转动灵活无卡滞,扇叶无异常活动,各紧固部件紧固正常 | |

## 四、功率单元检修

**注**:拆卸、安装光纤及电缆时不要施加过大的力,拆下光连接器后要盖上防尘盖。

功率单元检修内容及要求见表 4-5。

功率单元检修内容及要求　　　　　表 4-5

| 序号 | 检修内容及要求 | 图示 |
|---|---|---|
| 1 | 使用酒精清洁动力单元风扇,要求无浮灰、无污垢。检查散热风扇,要求转动灵活无卡滞,扇叶无异常活动,各紧固部件紧固正常 | |
| 2 | 使用抹布清洁动力单元驱动部外观,要求无浮灰、无污垢。检查功率单元驱动部开关及光纤,要求插头插座安装牢固、光纤无折弯、破损 | |

## 五、传感器检修

**注**:传感器检修过程中,注意佩戴防静电手环。
传感器检修内容及要求见表4-6。

传感器检修内容及要求　　　　　　　表4-6

| 序号 | 检修内容及要求 | 图示 |
|---|---|---|
| 1 | 清洁电压传感器及电流传感器,要求无灰尘、无污垢 |  |
| 2 | 检查电压及电流传感器,要求板件无烧蚀、无变色、元件无虚焊、脱焊情况,连接线缆紧固状态正常 |  |

## 六、辅助逆变器箱体内其余附件检修

**注**:检查电容前需确认电容完成放电,谨防电容电击。
辅助逆变器箱体内其余附件检修内容及要求见表4-7。

辅助逆变器箱体内其余附件检修内容及要求　　　　　表4-7

| 序号 | 检修内容及要求 | 图示 |
|---|---|---|
| 1 | 使用抹布蘸取酒精清洁搭铁刀闸,要求无灰尘、无污垢。在与刀片的凸面滑动接触的铰接部分和刀夹部分涂抹薄薄的一层FS3451润滑剂以防烧结,检查搭铁刀闸,要求无烧蚀、无变色、表面光滑 |  |

续上表

| 序号 | 检修内容及要求 | 图示 |
|---|---|---|
| 2 | 检查逻辑部电源装置,要求电容无鼓包、无泄漏,板件元件无烧蚀、无变色、无脱焊虚焊情况,各部件紧固状态良好 | |
| 3 | 检查箱体,要求所有密封胶条安装牢固,无破损、无变色、弹性良好,所有线缆无破损、安装紧固,箱体防水无损坏,各部件紧固状态良好 | |

## 七、整流装置检修

**注**:检查整流装置完毕后,注意恢复设备初始状态。

整流装置检修内容及要求见表4-8。

**整流装置检修内容及要求**　　　　　表4-8

| 序号 | 检修内容及要求 | 图示 |
|---|---|---|
| 1 | 使用酒精清洁DC斩波器、三相接触器、整流二极管及断路器,要求表面无浮灰、无污垢、无破损、无裂纹,线号清晰可见 | |
| 2 | 检查灭弧罩,要求无严重烧蚀、无粘连,内外无变色、无异常变色、无异常烧黑情况 | |

续上表

| 序号 | 检修内容及要求 | 图示 |
|---|---|---|
| 3 | 检查接触器主触头,要求无碳化、缺损、严重烧蚀情况,主触头厚度>3mm,检查接线状态应良好、紧固,辅助触点接线紧固、无烧蚀变色 | |
| 4 | 检查整流二极管,要求无击穿、无烧蚀 | |
| 5 | 检查操作断路器,要求分合动作灵活无卡滞、接线紧固、合闸力应大于分闸力 | |

## 八、滤波电容测量

**注**:滤波电容测量前需进行放电,测量后对滤波电容进行放电,谨防电容电击。

滤波电容测量内容及要求见表4-9。

滤波电容测量内容及要求　　　表4-9

| 测量内容及要求 | 图示 |
|---|---|
| 使用数字电桥测量滤波、三相、备用电容值,测试结果满足以下对应要求,滤波电容:2000μF±200μF,三相电容:525μF±15μF,备用电容:1200μF±120μF | |

## 九、辅助逆变器整车空级试验

**注**:空级试验严禁升弓状态下进行。

辅助逆变器整车空级试验内容及要求见表 4-10。

辅助逆变器整车空级试验内容及要求　　　　　表 4-10

| 试验内容及要求 | 图示 |
|---|---|
| 启动蓄电池,不升弓,激活司机室,将 SIV 装置内 SQS 开关打到试验位置。观察 IVLB 动作情况,ATI 无故障显示,两端都进行试验。试验结束后,将 SIV 装置内 SQS 开关恢复至正常位置 | |

### 信息收集

我们的任务是:＿＿＿＿＿＿＿＿＿＿＿＿＿＿＿＿＿＿＿＿＿＿

＿＿＿＿＿＿＿＿＿＿＿＿＿＿＿＿＿＿＿＿＿＿＿＿＿＿＿＿＿＿

为了顺利完成本任务,请完成以下信息收集(表 4-11)。

信息收集　　　　　表 4-11

| 序号 | 信息类别 | 相关要求 | 是否完成 |
|---|---|---|---|
| 1 | 作业条件 | 电客车断电已超 3min | □是　□否 |
| | | AC 220V,50Hz 电源 | □是　□否 |
| | | 高压刀闸打至搭铁位 | □是　□否 |
| 2 | 人员要求 | 穿戴劳保鞋、安全帽 | □是　□否 |
| | | 穿戴防护服、防护手套、绝缘手套 | □是　□否 |
| 3 | 注意事项 | 刀夹和刀片清洁后在接触部涂抹 FS3451 润滑剂 | □是　□否 |
| | | 设备检修、拆卸前确保已放电 | □是　□否 |
| | | 灭弧罩检修完安装到位 | □是　□否 |
| | | 吹尘作业前,做好防尘防护 | □是　□否 |
| | | 空级试验务必在蓄电池供电下进行 | □是　□否 |

续上表

| 序号 | 信息类别 | 相关要求 | 是否完成 |
|---|---|---|---|
| 4 | 作业关键点 | 吹尘符合清洁要求 | □是 □否 |
| | | 吹尘完毕螺栓安装符合力矩要求 | □是 □否 |
| | | 高压接触器主触点检修符合要求 | □是 □否 |
| | | 逻辑部检修符合要求 | □是 □否 |
| | | 功率模块检修符合要求 | □是 □否 |
| | | 电容及电阻检修符合要求 | □是 □否 |
| | | 传感器检修符合要求 | □是 □否 |
| | | 光纤及功率驱动装置检修符合要求 | □是 □否 |
| | | 电源装置及逆变器整机检修符合要求 | □是 □否 |
| | | 三相接触器检修符合要求 | □是 □否 |
| | | 整流二极管检修符合要求 | □是 □否 |
| | | 直流斩波器检修符合要求 | □是 □否 |
| | | 断路器检修符合要求 | □是 □否 |
| | | 空级试验在蓄电池供电下进行,完毕后及时恢复设备状态 | □是 □否 |

情况说明：

确认签字：　　　年　月　日

## 制订计划

（1）根据检修任务要求制订检修计划,并描述作业关键点(表4-12)。

检修计划　　　　　　　　　　　　表4-12

| 序号 | 作业流程 | 作业关键点 |
|---|---|---|
| 1 | 吹尘 | |
| 2 | 启动装置检修 | |
| 3 | 逆变装置检修 | |
| 4 | 整流装置检修 | |

续上表

| 序号 | 作业流程 | 作业关键点 |
|---|---|---|
| 5 | 测量 | |
| 6 | 试验 | |

审核意见：

　　　　　　　　　　　　　　　　　确认签字：　　　　年　月　日

(2)根据检修计划做好作业前的准备工作(表4-13)。

**检测设备、工器具、物料、劳保用品**　　　　　表4-13

| 序号 | 名称 | 数量 | 清点 |
|---|---|---|---|
| 1 | 13mm棘开扳手、套筒 | 各1个 | □已清点 |
| 2 | 扭力扳手0~100N·m | 1把 | □已清点 |
| 3 | 弹簧秤 | 1把 | □已清点 |
| 4 | 万用表 | 1个 | □已清点 |
| 5 | 数字电桥 | 1个 | □已清点 |
| 6 | 75%酒精 | 1瓶 | □已清点 |
| 7 | 抹布 | 1m | □已清点 |
| 8 | FS3451润滑剂 | 10g | □已清点 |
| 9 | 毛刷 | 1把 | □已清点 |
| 10 | 红、黑划线笔 | 各1支 | □已清点 |

情况说明：

　　　　　　　　　　　　　　　　　确认签字：　　　　年　月　日

(3)根据检修计划,完成小组分工及作业安全预想(表4-14)。

**小组分工**　　　　　表4-14

| 作业人 | | 互控人 | |
|---|---|---|---|
| 作业安全预想 | | | |
| 作业前 | | | |
| 作业中 | | | |
| 作业后 | | | |

## 任务实施

### 一、作业条件确认（表4-15）

作业条件确认　　　　　　　　　　　　　表4-15

| 图示 | 条件要求 | 实施情况 |
|---|---|---|
| | 电客车断电已超3min | □是　□否 |
| | 高压刀闸打至搭铁位 | □是　□否 |
| | AC 220V,50Hz 电源 | □是　□否 |

### 二、辅助逆变器吹尘（表4-16）

辅助逆变器吹尘任务实施　　　　　　　　表4-16

| 图示 | 吹尘要求 | 实施情况 |
|---|---|---|
| | 拆卸两个动力单元散热器网罩M8固定螺栓，取下两个网罩 | □是　□否 |
| | 拆卸滤波电抗器盖板M8固定螺栓，取下盖板 | □是　□否 |
| | 用风枪连接风管连接外部风源 | □是　□否 |
| | 对逆变器散热器和交流电抗器线圈进行吹尘，要求表面无泥灰、夹杂异物 | □是　□否 |

续上表

| 图示 | 吹尘要求 | 实施情况 |
|---|---|---|
|  | 盖上逆变器网罩,安装网罩 M8 螺栓,以力矩 14.5N·m 划防松线 | □是 □否 |
|  | 盖上交流电抗器盖板,安装网罩 M8 螺栓,以力矩 14.5N·m 划防松线 | □是 □否 |

## 三、启动装置检修(表 4-17)

启动装置检修任务实施　　　　　表 4-17

| 序号 | 内容 | 图示 | 检修要求 | 实施情况 |
|---|---|---|---|---|
| 1 | IVLB 接触器检修 |  | 使用抹布蘸取酒精清洁接触器整体及灭弧罩 | □是 □否 |
|  |  |  | 要求无污垢、接触器无裂纹、灭弧罩无烧黑 | □是 □否 |
|  |  |  | 主触头状态正常 | □是 □否 |
|  |  |  | 行程开关及接线状态正常 | □是 □否 |

续上表

| 序号 | 内容 | 图示 | 检修要求 | 实施情况 |
|---|---|---|---|---|
| 2 | HK1、HK2 接触器检修 | HK灭弧罩 | 使用抹布蘸取酒精清洁接触器 | □是 □否 |
| | | | 要求无灰尘、无污垢 | □是 □否 |
| | | | 接触器整体状态良好 | □是 □否 |
| | | | 灭弧罩整体状态良好 | □是 □否 |
| | | | 主触头状态良好 | □是 □否 |
| | | | 接线状态良好 | □是 □否 |

## 四、辅助逆变装置检修(表4-18)

辅助逆变装置检修任务实施　　　　表4-18

| 序号 | 内容 | 图示 | 检修要求 | 实施情况 |
|---|---|---|---|---|
| 1 | 控制逻辑部检修 | 逻辑风扇 | 用抹布清洁外观,要求无浮灰 | □是 □否 |
| | | | 拆卸逻辑部风扇,要求转动正常无卡滞 | □是 □否 |
| | | | 检查逻辑部外观,要求插头安装到位,各部件无异常 | □是 □否 |

续上表

| 序号 | 内容 | 图示 | 检修要求 | 实施情况 |
|---|---|---|---|---|
| 2 | 功率单元检修 |   | 用抹布蘸取酒精清洁动力单元风扇 | □是 □否 |
| | | | 要求无浮灰、无污垢 | □是 □否 |
| | | | 逻辑部风扇转动正常无卡滞 | □是 □否 |
| | | | 使用抹布清洁动力单元驱动部 | □是 □否 |
| | | | 要求无浮灰、无污垢 | □是 □否 |
| | | | 功率单元驱动部开关及光纤状态正常 | □是 □否 |
| 3 | 传感器检修 | 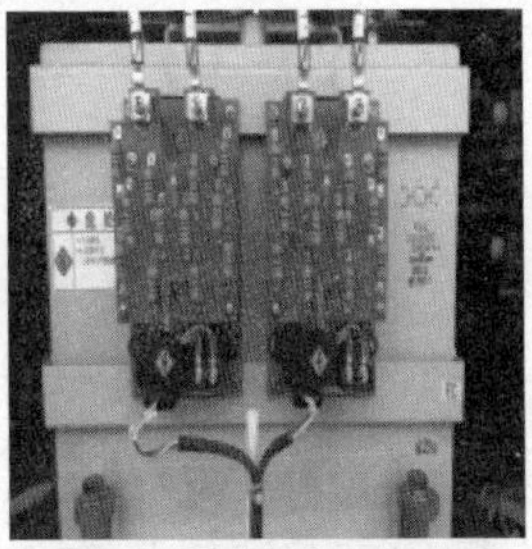  | 使用抹布清洁电压传感器及电流传感器 | □是 □否 |
| | | | 要求无灰尘、无污垢 | □是 □否 |
| | | | 电压及电流传感器状态良好 | □是 □否 |

续上表

| 序号 | 内容 | 图示 | 检修要求 | 实施情况 |
|---|---|---|---|---|
| 4 | 充放电电阻检修 |   | 用抹布清洁放电电阻和充电电阻外观,要求无浮灰 | □是 □否 |
| | | 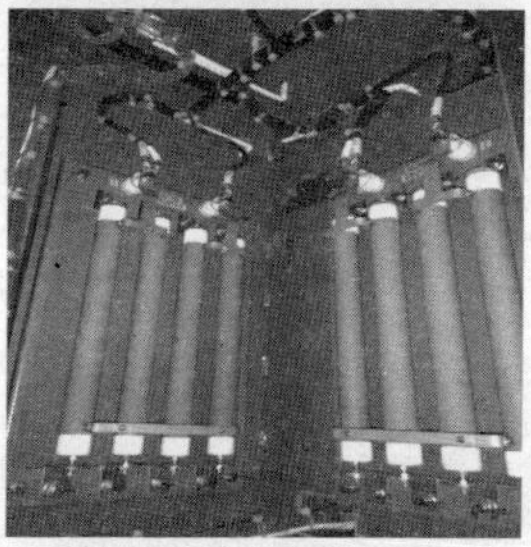 | 检查充电电阻外观,要求无变色,接线安装紧固,元件无缺损裂纹 | □是 □否 |
| | | | 检查放电电阻外观,要求无变色,接线安装紧固,元件无缺损裂纹 | □是 □否 |
| 5 | 滤波电容检修 |    | 检查电容外观无鼓包、渗油 | □是 □否 |
| | |  | 检查电容连接线紧固、端子无变色 | □是 □否 |

续上表

| 序号 | 内容 | 图示 | 检修要求 | 实施情况 |
|---|---|---|---|---|
| 6 | 辅助逆变器箱体内其余附件检修 | | 搭铁刀闸润滑剂涂抹均匀,搭铁刀闸状态良好 | □是 □否 |
| | | | 逻辑部电源装置状态良好 | □是 □否 |
| | | | 箱体及紧固状态良好 | □是 □否 |

## 五、整流装置检修(表4-19)

整流装置检修任务实施　　　　　　　　　　　　　表4-19

| 图示 | 检修要求 | 实施情况 |
|---|---|---|
| | 用抹布蘸酒精清洁直流斩波器、三相接触器、整流二极管及断路器外观,要求表面无浮灰 | □是 □否 |
| | 打开三相接触器灭弧罩,要求灭弧罩无严重烧蚀、黏连现象 | □是 □否 |
| | 检查接触器主触点,要求无碳化、缺损、严重烧蚀现象,目测主触点厚度不小于3mm | □是 □否 |

续上表

| 图示 | 检修要求 | 实施情况 |
|---|---|---|
|  | 检查整流二极管外观，测量半导体导通性，要求无击穿、无烧蚀 | □是 □否 |
|  | 手动操作断路器分合动作，要求动作灵敏、无卡滞，接线紧固 | □是 □否 |

## 六、辅助逆变器测试（表4-20）

辅助逆变器测试任务实施　　　　　　　　　表4-20

| 序号 | 内容 | 图示 | 测量要求 | 实施情况 |
|---|---|---|---|---|
| 1 | 充放电电阻测量 |  | 利用万用表或数字电桥测量充放电电阻阻值 | □是 □否 |
|  |  |  | 充电电阻阻值10Ω±1Ω、放电电阻阻值500Ω±50Ω | □是 □否 |
| 2 | 滤波电容测量 |  | 使用数字电桥测量滤波、三相、备用电容值 | □是 □否 |
|  |  |  | 测量结果符合电容值要求 | □是 □否 |

续上表

| 序号 | 内容 | 图示 | 测量要求 | 实施情况 |
|---|---|---|---|---|
| 3 | 辅助逆变器整车空级试验测试 |  | 空级试验状态正常 | □是　□否 |

## 检查控制

根据辅助逆变器检修计划及实施情况,指导老师对作业质量进行检查和评价(表4-21)。

任务学习情况检查评价表　　　　　表4-21

| 序号 | 检查内容 | 检查结果 |
|---|---|---|
| 1 | 吹尘符合清洁要求 | □是　□否 |
| 2 | 吹尘完毕螺栓安装符合力矩要求 | □是　□否 |
| 3 | 高压接触器主触点检修符合要求 | □是　□否 |
| 4 | 逻辑部检修符合要求 | □是　□否 |
| 5 | 功率模块检修符合要求 | □是　□否 |
| 6 | 电容及电阻检修符合要求 | □是　□否 |
| 7 | 传感器检修符合要求 | □是　□否 |
| 8 | 光纤及功率驱动装置检修符合要求 | □是　□否 |
| 9 | 电源装置及逆变器整机检修符合要求 | □是　□否 |
| 10 | 三相接触器检修符合要求 | □是　□否 |
| 11 | 整流二极管检修符合要求 | □是　□否 |
| 12 | 直流斩波器检修符合要求 | □是　□否 |
| 13 | 断路器检修符合要求 | □是　□否 |
| 14 | 电阻、电容测量值符合标准 | □是　□否 |
| 15 | 空级试验动作正常 | □是　□否 |

续上表

| 存在问题： |
| --- |
| 整改意见： |
| 确认签字：　　　　年　月　日 |

### 📚 评价反馈

(1) 指导老师根据任务实施情况，对完成的工作量进行检查统计(表4-22)。

任务实施完成情况表　　　　　　表4-22

| 序号 | 作业分类 | 作业内容 | 完成结果 |
| --- | --- | --- | --- |
| 1 | 作业条件确认 | 状态确认 | □是　□否 |
| 2 | 牵引逆变器吹尘 | 功率单元、滤波电抗器吹尘 | □是　□否 |
| 3 | 牵引逆变器检修 | 控制逻辑部、高压接触器、HBK接触器、经济电阻、传感器等检修 | □是　□否 |
| 4 | 牵引逆变器测试 | 电阻值、电容值测量 | □是　□否 |
| 5 | 牵引逆变器试验 | 空级试验 | □是　□否 |
| 存在问题：<br><br>整改意见：<br><br>　　　　　　　　　　　确认签字：　　　　年　月　日 | | | |

(2) 根据任务实施情况，小组人员进行自我评价，指导老师对作业人员表现进行综合评价。

① 作业人员评价：_____

_____

② 互控人员评价：_____

_____

③指导老师评价：_____

知识巩固

一、填空题

(1)辅助逆变器高压引入的电压为_____V。

(2)辅助逆变器充电电阻值为_____Ω。

(3)辅助逆变器放电电阻值为_____Ω。

(4)辅助逆变器滤波电容值为_____μF。

(5)辅助逆变器三相电容值为_____μF。

二、简答题

(1)辅助逆变器的定义是什么？

(2)辅助逆变器检修的作业条件要求有哪些？

(3)辅助逆变器的工作原理是什么？

(4)辅助逆变器整流装置的检修内容及要求是什么？

(5)辅助逆变器耐压试验的方法和要求有哪些？

## 任务二  蓄电池的结构认知与检修

任务导入

某地铁公司检修车间定修班班长，当日收到检修调度派发的0331电客车年检生产任务后，班长将蓄电池年检生产任务派发给班组×××员工，×××收到任务后进行作业前准备工作。

学习目标

1. 知识目标

◆能口述蓄电池结构及功能；

※能口述蓄电池作业方法及标准。

2. 技能目标

※能在实训现场或利用情景演示，口述或手动完成蓄电池检修作业；

◆能发现他人在执行蓄电池检修流程中存在的问题。

注：※学习难点；◆学习重点。

## 知识储备

### 一、蓄电池定义及结构组成

1. 蓄电池定义

蓄电池为电客车车下安装的设备，通过可逆的化学反应实现再充电，可以存储和释放电能。电客车中一般用于紧急情况供电，为升弓及车辆检修提供电能。

2. 蓄电池结构组成

一列6辆编组的电客车，分别以1辆拖车（Tc车）加2辆动车（M车）组成一个单元，蓄电池一般设置在每个单元的拖车车下。由于蓄电池型号不同，其在活性材料及电解液也存在一定差异，现就以荷贝克公司的FNC 160 MR2型蓄电池的结构为例进行介绍，其主要结构可参考蓄电池实物（图4-3）、结构图（图4-4）。

图4-3 蓄电池实物

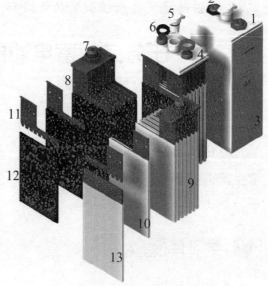

图4-4 蓄电池结构图
1-正极柱；2-负极柱；3-外壳；4-盖板；5-透气阀；6-端柱螺母；7-端柱；8-负极组；9-正极组；10-纤维结构正极板；11-极耳；12-纤维结构负极板；13-隔膜

## 二、蓄电池相关技术参数

蓄电池相关技术参数见表4-23。

蓄电池相关技术参数　　　　　　　　表4-23

| 序号 | 名称 | 技术标准 |
|---|---|---|
| 1 | 额定电压 | 1.2V |
| 2 | 重量 | 6.65kg |
| 3 | 电池壳体材质 | 聚丙烯 |
| 4 | 蓄电池的额定容量 | 160A·h(5h率) |
| 5 | 蓄电池的放电电流 | 32A |
| 6 | 蓄电池的浮充电压 | 1.45~1.55V/单体 |
| 7 | 蓄电池提升电压 | 不大于1.55~1.60V/单体 |
| 8 | 蓄电池放电终止电压 | 不小于1.05V/单体 |

## 三、蓄电池原理

蓄电池放电时，将化学能转换为电能，蓄电池充电时，将电能转换为化学能。反应方程如下：

正极反应：$2Ni(OH)_2 + 2OH \rightleftharpoons 2e + 2NiOOH + 2H_2O$

负极反应：$Cd(OH)_2 + 2e \rightleftharpoons Cd + 2OH^-$

电池反应：$Cd(OH)_2 + 2Ni(OH)_2 \rightleftharpoons Cd + 2NiOOH + 2H_2O$

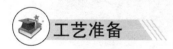
工艺准备

## 一、蓄电池放电

**注**：(1) 拆装蓄电池螺栓的扳手等工器具必须为绝缘工具。

(2) 蓄电池检修作业过程中，佩戴橡胶手套，谨防电解液腐蚀。

(3) 蓄电池检修作业中，衣物或身体接触到电解液，需立即采用流水长时间清洗。

蓄电池放电内容及要求见表4-24。

蓄电池放电内容及要求   表4-24

| 序号 | 放电内容及要求 | 图示 |
|---|---|---|
| 1 | 拆卸所有绿色绝缘条,检查防松线正常,螺栓紧固。检查所有蓄电池单体液面高度,打开通气塞进行观察,需在最高及最低刻度线之间,液位不足需添加去离子水 | |
| 2 | 将1节车上的两组蓄电池用短连线分别连接正负极,并将充放电动机的正极出线连接蓄电池组正极,负极出线连接蓄电池组负极。M8螺栓以力矩21N·m划防松线 | |
| 3 | 闭合配电箱中相应的断路器,打开充放电动机电源开关,操作充放电动机控制屏,点击"放电模式"再点击"操作" | |
| 4 | 设置放电电流为32A、放电结束电压设置为80V、放电时间为6h、放电容量为200A·h,点击"启动",开始放电。测量实际放电电流在31~32A之间,否则停机进行电流调整,需要停机时点击操作屏上"停止"即可 | |
| 5 | 放电过程中前4h每小时对单体电压、总体电压、总体电流、温度进行测量,4h后,每0.5h测量一次单体电压、总体电压、总体电流、温度。4.5h以内发现降至1V以下的单体,需要在放电结束后进行更换。等待总体电压降至80V,终止放电,放电时间≥4.5h合格 | |
| 6 | 放电结束后拆除蓄电池组之间的短连线及与充放电动机之间的连线,静置8h以上 | |

## 二、蓄电池充电

**注:**(1)拆装蓄电池螺栓的扳手等工器具必须为绝缘工具。

(2)蓄电池充电作业过程中,需注意通风并打开蓄电池单体通气塞,谨防氢氧混合气体浓度超标。

(3)蓄电池充电作业中,蓄电池单体不得超过50℃,若超过50℃需停机散热,当温度低于25℃时,继续蓄电池充电作业。

蓄电池充电内容及要求见表4-25。

蓄电池充电内容及要求　　　　表4-25

| 序号 | 充电内容及要求 | 图示 |
|---|---|---|
| 1 | 检查所有蓄电池单体液面高度,打开通气塞进行观察,需在最高及最低刻度线之间,液位不足需添加去离子水 | |
| 2 | 将1节车上的两组蓄电池用短连线分别连接正负极,并将充放电动机的正极出线连接蓄电池组正极,负极出线连接蓄电池组负极。M8螺栓以力矩以21N·m划防松线 | |
| 3 | 闭合配电箱中相应的断路器,打开充放电动机电源开关,操作充放电动机控制屏,点击"充电模式"再点击"操作" | |
| 4 | 设置充电电流32A、充电电压180V、充电时间7.5h、充电结束电流10A、充电容量200A·h。点击"启动",开始充电。测量实际充电电流在31~33A之间,否则停机进行电流调整,需要停机时点击操作屏上"停止"即可 | |

续上表

| 序号 | 充电内容及要求 | 图示 |
|---|---|---|
| 5 | 充电过程中前7h,每小时对充电电流、总体电压、温度进行测量。7h后,每0.5h测量一次充电电流、总体电压、温度 | |
| 6 | 放电结束后拆除蓄电池组之间的短连线及与充放电动机之间的连线,静置2h以上 | |

## 三、蓄电池拆卸

**注:**(1)拆装蓄电池螺栓的扳手等工器具必须为绝缘工具。

(2)谨防正负极短路。

(3)拆卸螺栓时,谨防螺栓及平垫掉落至蓄电池托盘内。

蓄电池拆卸内容及要求见表4-26。

**蓄电池拆卸内容及要求**　　　　表4-26

| 序号 | 拆卸内容及要求 | 图示 |
|---|---|---|
| 1 | 拆卸所有单体白色通气塞,使用黄色运输塞暂时盖住蓄电池,防止杂物落入蓄电池中,造成蓄电池损坏 | |
| 2 | 拆卸所有短连片 | |

## 四、蓄电池清洁

**注:**(1)清洁蓄电池单体表面可使用去离子水清洁。

(2)对于被电解液固化严重的短连片,使用600#以上的砂纸进行打磨,去除表面固化层。

(3)所有部件清洁完成后,需晾干后,方可进行安装。

蓄电池清洁内容及要求见表4-27。

蓄电池清洁内容及要求　　　　　　　　　　表4-27

| 序号 | 清洁内容及要求 | 图示 |
|---|---|---|
| 1 | 将所有绝缘条、短连片放入容器中,用水浸泡后,再进行清洁 | |
| 2 | 所有通气塞放入容器中,用去离子水进行浸泡后,进行清洁 | |
| 3 | 使用去离子水清洁蓄电池观察孔周围,注意用水量适宜,避免流进单体缝隙之间 | |

## 五、蓄电池安装

**注:**(1)蓄电池单体电极柱表面涂抹导电膏,需注意少量均匀涂抹。

(2)螺栓碟形垫片若变形,需进行更换。

(3)力矩严禁超过21N·m,需进行校验。

蓄电池安装内容及要求见表4-28。

**蓄电池安装内容及要求**　　　　　　　　　　　表4-28

| 序号 | 安装内容及要求 | 图示 |
|---|---|---|
| 1 | 所有蓄电池单体表面电极柱上均匀、少量涂抹导电膏 | |
| 2 | 将所有短连片按照电极顺序,正确摆放在蓄电池单体电极柱上,安装螺栓,紧固力矩 | |
| 3 | 安装所有白色通气塞,绿色绝缘条,安装紧固 | |

## 六、蓄电池检查

**注**：(1) 万用表使用前应先检查仪表及表笔外观状态,确保仪表外壳无松动、破损,表笔线缆外皮无破损、金属无裸露。

(2) 测量蓄电池单体时,两表笔紧密接触在单体两侧短连片上,若接触在螺栓上,可能导致单体电压测量误差大。

(3) 绝缘电阻测试过程中,严禁触碰设备,谨防触电危险。

蓄电池检查内容及要求见表4-29。

蓄电池检查内容及要求　　　　　　　　　　　　　表 4-29

| 序号 | 检查内容及要求 | 图示 |
| --- | --- | --- |
| 1 | 测量每一块蓄电池单体电压,单体电压范围在 1.27~1.32V | |
| 2 | 测量蓄电池接线处与蓄电池托盘之间绝缘电阻,将绝缘电阻测试仪红表笔夹在蓄电池接线处,黑表笔夹在蓄电池托盘导电处,DC 500V 下,绝缘电阻值大于 2MΩ | |

## 信息收集

我们的任务是：_____

为了顺利完成本任务,请完成以下信息收集(表 4-30)。

信息收集　　　　　　　　　　　　　　　　　　表 4-30

| 序号 | 信息类别 | 相关要求 | 是否完成 |
| --- | --- | --- | --- |
| 1 | 作业条件 | 通风良好、干燥、整洁的检修间 | □是 □否 |
| 2 | 人员要求 | 穿戴劳保鞋、安全帽 | □是 □否 |
| | | 穿戴防护服、橡胶手套、绝缘手套 | □是 □否 |
| 3 | 注意事项 | 蓄电池检修作业时,严禁火源及高温环境 | □是 □否 |
| | | 蓄电池充放电过程中,若蓄电池温度超过 50℃,需停机散热,待温度降至 25℃,再进行后续作业 | □是 □否 |
| | | 蓄电池充电过程中注意通风,打开单体通气塞 | □是 □否 |

续上表

| 序号 | 信息类别 | 相关要求 | 是否完成 |
|---|---|---|---|
| 3 | 注意事项 | 蓄电池加液的液体为蒸馏水或去离子水 | □是 □否 |
| | | 蓄电池检修作业中,使用绝缘扭力扳手、绝缘套筒及绝缘开口扳手 | □是 □否 |
| | | 蓄电池检修作业中,严禁将工具、仪表及其他金属放置在蓄电池上 | □是 □否 |
| | | 蓄电池检修作业时,严禁作业人员佩戴手表、项链、戒指等金属物品 | □是 □否 |
| | | 绝缘电阻测试过程中,严禁触碰 | □是 □否 |
| | | 作业完成后出清现场物料 | □是 □否 |
| 4 | 作业关键点 | 蓄电池充放电时,充放电动机参数需设置无误 | □是 □否 |
| | | 蓄电池拆卸时,应先将通气塞拆除,再进行铜排拆卸 | □是 □否 |
| | | 蓄电池清洁过程中,应适量用水,谨防液体流入托盘底部 | □是 □否 |
| | | 蓄电池安装过程中,需严格核对单体位置,谨防极位错误 | □是 □否 |
| | | 蓄电池加液过程中,严禁超过最大刻度线 | □是 □否 |
| | | 力矩需准确无误,互控人员校验 | □是 □否 |
| | | 铜排与托盘导间绝缘电阻需 >2MΩ | □是 □否 |
| | | 试验完及时恢复设备状态 | □是 □否 |

情况说明:

确认签字:　　　年　月　日

## 制订计划

(1)根据检修任务要求制订检修计划,并描述作业关键点(表4-31)。

检修计划  表4-31

| 序号 | 作业流程 | 作业关键点 |
|---|---|---|
| 1 | 放电 | |
| 2 | 充电 | |
| 3 | 拆卸 | |
| 4 | 清洁 | |
| 5 | 安装 | |
| 6 | 加液 | |
| 7 | 检查 | |

审核意见：

　　　　　　　　　　　　　确认签字：　　　年　月　日

(2)根据检修计划做好作业前的准备工作(表4-32)。

检测设备、工器具、物料、劳保用品  表4-32

| 序号 | 名称 | 数量 | 清点 |
|---|---|---|---|
| 1 | 橡胶手套 | 2只 | □已清点 |
| 2 | 护目镜 | 1个 | □已清点 |
| 3 | 防护服 | 1套 | □已清点 |
| 4 | 万用表 | 1个 | □已清点 |
| 5 | 钳形电流表 | 1条 | □已清点 |
| 6 | 点温枪 | 1个 | □已清点 |
| 7 | 绝缘力矩扳手 | 1个 | □已清点 |
| 8 | 13mm绝缘扳手、绝缘套筒 | 各1个 | □已清点 |
| 9 | 去离子水 | 1桶 | □已清点 |
| 10 | 抹布 | 2m | □已清点 |
| 11 | 绝缘电阻测试仪 | 1台 | □已清点 |
| 12 | 斜口钳 | 1个 | □已清点 |
| 13 | 红、黑划线笔 | 各1支 | □已清点 |
| 14 | 密度计 | 1个 | □已清点 |
| 15 | 导电膏 | 1瓶 | □已清点 |

续上表

| 序号 | 名称 | 数量 | 清点 |
|---|---|---|---|
| 16 | 砂纸 | 3张 | □已清点 |
| 17 | 充放电动机 | 1台 | □已清点 |
| 情况说明： | | | |
| | | 确认签字： | 年 月 日 |

（3）根据检修计划，完成小组分工及作业安全预想（表4-33）。

小组分工　　　　　　　　　　　　　　　　　　表4-33

| 作业人 | | 互控人 | |
|---|---|---|---|
| 作业安全预想 ||||
| 作业前 ||||
| 作业中 ||||
| 作业后 ||||

# 任务实施

## 一、作业条件确认（表4-34）

作业条件确认　　　　　　　　　　　　　　　　表4-34

| 图示 | 条件要求 | 实施情况 |
|---|---|---|
| | 蓄电池摆放在通风良好、干燥、整洁的检修间 | □是　□否 |

## 二、蓄电池放电(表4-35)

**蓄电池放电任务实施**　　　　　　　　表4-35

| 图示 | 放电要求 | 实施情况 |
|---|---|---|
| | 拆卸绿色绝缘条 | □是　□否 |
| | 检查所有螺栓紧固状态正常 | □是　□否 |
| | 蓄电池液面高度符合要求 | □是　□否 |
| | 连接蓄电池短连线及蓄电池组与充放电动机接线,M8螺栓以力矩21N·m划防松线 | □是　□否 |
| | 打开充放电动机,选择"放电模式",设置放电参数 | □是　□否 |
| | 点击"启动",开始放电 | □是　□否 |
| | 放电过程中每小时对单体电压、总体电压、电流、温度进行测量 | □是　□否 |
| | 放电作业结束后,拆除充放电动机出线及短连线 | □是　□否 |
| | 静置8h | □是　□否 |

## 三、蓄电池充电(表4-36)

蓄电池充电任务实施　　　　　　　　　　　　表4-36

| 图示 | 充电要求 | 实施情况 |
|---|---|---|
| | 蓄电池液面高度符合要求 | □是　□否 |
| | 连接蓄电池短连线及蓄电池组与充放电动机接线,M8 螺栓以力矩21N·m 划防松线 | □是　□否 |
| | 打开所有蓄电池单体通气塞 | □是　□否 |
| | 打开充放电动机,选择"充电模式",设置充电参数 | □是　□否 |
| | 点击"启动",开始充电 | □是　□否 |
| | 充电过程中每小时对充电电流、总体电压、温度进行测量 | □是　□否 |
| | 放电作业结束后,拆除充放电动机出线及短连线 | □是　□否 |
| | 静置2h | □是　□否 |

## 四、蓄电池拆卸(表 4-37)

**蓄电池拆卸任务实施**　　　　　　　　　　　　　　　表 4-37

| 图示 | 拆卸要求 | 实施情况 |
|---|---|---|
|  | 拆卸所有短连片 | □是　□否 |
|  | 拆卸所有通气塞,并使用黄色运输塞盖住蓄电池 | □是　□否 |

## 五、蓄电池清洁(表 4-38)

**蓄电池清洁任务实施**　　　　　　　　　　　　　　　表 4-38

| 图示 | 清洁要求 | 实施情况 |
|---|---|---|
|  | 抹布蘸取清水 | □是　□否 |
|  | 清洁短连片、绝缘条、通气塞、蓄电池单体、托盘 | □是　□否 |
|  | 表面无油污、灰尘、固化污渍等异物 | □是　□否 |

## 六、蓄电池安装(表4-39)

**蓄电池安装任务实施**　　　　　　　　　　　表4-39

| 图示 | 安装要求 | 实施情况 |
|---|---|---|
| | 蓄电池单体电极柱表面均匀涂抹导电膏 | □是　□否 |
| | 安装短连片,M8 螺栓以力矩21N·m 划防松线 | □是　□否 |
| | 安装通气塞及绝缘条 | □是　□否 |

## 七、蓄电池加液(表4-40)

**蓄电池加液任务实施**　　　　　　　　　　　表4-40

| 图示 | 加液要求 | 实施情况 |
|---|---|---|
| | 向每一块未达到最高液面刻度线的蓄电池单体加注去离子水 | □是　□否 |
| | 加至接近最高液面刻度线位置 | □是　□否 |

## 八、蓄电池检查(表4-41)

**蓄电池检查任务实施**　　　　　　　　　　表4-41

| 图示 | 检查要求 | 实施情况 |
|---|---|---|
| | 测量每块蓄电池单体电压 | □是　□否 |
| | 电压值在 1.27～1.32V | □是　□否 |
| | 用绝缘电阻测试仪,黑夹钳夹至托盘导电处,红夹钳夹至蓄电池短连片处 | □是　□否 |
| | DC 500V,绝缘值 >2MΩ | □是　□否 |

### 检查控制

根据蓄电池检修计划及实施情况,指导老师对作业质量进行检查和评价(表4-42)。

**任务学习情况检查评价表**　　　　　　　　表4-42

| 序号 | 检查内容 | 检查结果 |
|---|---|---|
| 1 | 蓄电池充放电前检查是否充分、蓄电池放电参数是否设置正确、测量数据是否准确、放电时间是否符合要求、是否静置8h | □是　□否 |
| 2 | 是否打开通气塞、蓄电池充电参数是否设置正确、测量数据是否准确、是否静置2h | □是　□否 |
| 3 | 蓄电池拆卸是否全面 | □是　□否 |
| 4 | 蓄电池清洁是否彻底 | □是　□否 |

续上表

| 序号 | 检查内容 | 检查结果 |
|---|---|---|
| 5 | 是否均匀涂抹导电膏、力矩是否准确、通气塞绝缘条是否安装正确 | □是 □否 |
| 6 | 蓄电池加液是否接近最高刻度线 | □是 □否 |
| 7 | 蓄电池单体电压、绝缘电阻是否测量正确 | □是 □否 |

存在问题：

整改意见：

确认签字：　　　年　月　日

### 评价反馈

（1）指导老师根据任务实施情况，对完成的工作量进行检查统计（表4-43）。

**任务实施完成情况表**　　　　　　　　　　表4-43

| 序号 | 作业分类 | 作业内容 | 完成结果 |
|---|---|---|---|
| 1 | 作业条件确认 | 状态确认 | □是 □否 |
| 2 | 蓄电池放电 | 放电时间≥4.5h | □是 □否 |
| 3 | 蓄电池充电 | 充电时间7.5h | □是 □否 |
| 4 | 蓄电池拆卸 | 绿色绝缘条、通气塞、短连片、螺栓拆卸 | □是 □否 |
| 5 | 蓄电池清洁 | 绿色绝缘条、通气塞、短连片、螺栓清洁 | □是 □否 |
| 6 | 蓄电池安装 | 绿色绝缘条、通气塞、短连片、螺栓安装 | □是 □否 |
| 7 | 蓄电池加液 | 蓄电池单体加注去离子水 | □是 □否 |
| 8 | 蓄电池检查 | 单体电压测量、绝缘电阻测量 | □是 □否 |

## 项目四　城市轨道交通车辆辅助供电系统电气设备检修

续上表

| 存在问题： |
| --- |
| 整改意见： |
| 确认签字：　　　　　年　月　日 |

（2）根据任务实施情况，小组人员进行自我评价，指导老师对作业人员表现进行综合评价。

①作业人员评价：_____

_____

②互控人员评价：_____

_____

③指导老师评价：_____

_____

### 知识巩固

一、填空题

（1）蓄电池充放电过程中，若蓄电池温度超过_____，需停机散热，待温度降至25℃，再进行后续作业。

（2）放电过程中每小时对单体电压、总体电压、电流、温度进行测量。放电时间＞_____合格。

（3）蓄电池单体安装前，需在电极柱表面均匀涂抹_____。

（4）蓄电池完成放电作业后，需静置_____h以上。

（5）蓄电池在检查作业中，单体的电压范围是_____。

二、简答题

（1）简述蓄电池的结构组成。

(2) 简述为何蓄电池检修作业需要使用绝缘工具,并且严禁金属物品。

(3) 简述蓄电池放电的作业流程。

(4) 简述蓄电池充电的作业流程。

(5) 简述蓄电池安装的步骤。

# 任务三　列车照明系统检修

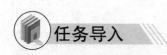

某地铁公司架修车间电气班班长,本周收到架修调度派发的0111车电客车辅助供电系统架修生产任务后,班长将电客车照明架修生产任务派发给班组×××员工,×××收到任务后进行作业前准备工作。

1. 知识目标

◆能口述列车照明系统的作用及组成;

※能口述列车照明系统测试内容及要求。

2. 技能目标

※能在实训现场或利用情景演示,口述或手动完成列车照明系统检修作业;

◆能发现他人在执行列车照明系统检修流程中存在的问题。

注:※学习难点;◆学习重点。

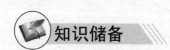

## 一、列车照明系统的作用及组成

1. 作用

列车照明系统主要是为电客车客室内部、司机室内部以及行车前方提供照明。

2. 组成

(1) 客室灯。

客室灯(图4-5)由反光板、灯具安装梁、灯罩框三大部件组成,全部采用铝合金挤压型材,具有强度高、重量轻、一致性好的优点。客室照明灯一般分布在车辆的一二位侧,每侧由28(中间车)、26(头尾车)个灯具组成(每车8个应急照明灯),灯具采用铝型材结构,其结构具有耐振动,耐冲击和防潮、防尘的特性,并能方便地进行维修。客室灯额定电压为 AC 220V、应急照明灯额定电压为 DC 110V。

(2)司机室灯。

司机室灯(图4-6)一般设置在司机室上方两侧,其结构由聚光板、LED灯、镇流器、灯罩、灯附件组成,其额定电压为 DC 110V,功率一般为10W。

图4-5　客室灯

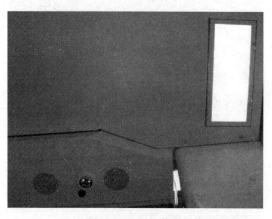

图4-6　司机室灯

(3)贯通道灯。

贯通道灯(图4-7)一般在电客车贯通道连接处上方设置2个,其结构由安装弹簧、LED灯、灯罩、灯附件组成,额定电压为 DC 110V,功率10W,光照要求为灯亮10min后,距光源表面基准轴1500mm处的照度≥100Lux,直径为1800mm圆周处的照度≥30Lux。

(4)前照灯。

前照灯(图4-8)为电客车头尾车前方行车照明灯,该灯具组成一般包括远光灯、近光灯、防护红灯,其额定电源为 DC 24V,结构组成基本包括防护罩板、聚光圈、灯罩、灯泡。

## 二、列车照明系统工作原理

列车照明系统主要由两大部分组成:一部分为电源类、一部分为负载类。电源类主要包括辅助逆变器提供的 AC 220V、DC 110V、DC 24V电源,另外蓄电池组在辅助逆变器未启动前也可提供 DC 110V、DC 24V电源为照明系统供电。负载类主要包括客室照明灯、应急照明灯、贯通道照明灯、司机室照明灯、前照灯。列车照明系统主要工作原理为:当照明系统有可靠的额定电压时,通过对应照明的控制按钮、旋转开关发出开关指令,从而控制继电器及接触器,最后集中打开对应照明。

图 4-7 贯通道灯

图 4-8 前照灯

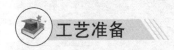

### 一、客室照明灯检修

注:(1)灯管拆装时,轻拿轻放,防止破碎。

(2)禁止用酒精清洁灯罩和反光板。

客室照明灯检修内容及要求见表4-44。

客室照明灯检修内容及要求　　　　　　表4-44

| 序号 | 检修内容及要求 | 图示 |
| --- | --- | --- |
| 1 | 灯管检修:<br>(1)拆卸灯罩H5固定螺栓,打开灯罩,两手握住灯管两侧旋转至卡槽处取下灯管。<br>(2)用白棉布清洁灯管及灯罩外表面,要求内部无发黑,端头无松脱、烧蚀现象 | |

续上表

| 序号 | 检修内容及要求 | 图示 |
|---|---|---|
| 2 | 镇流器更换：<br>（1）拆卸镇流器罩板H5固定螺栓，打开罩板，拔下镇流器插头，撕下镇流器固定贴，取下镇流器。<br>（2）检查新镇流器外观，确认型号参数一致，无异常后进行安装。<br>（3）检查灯罩及其他附件表面无裂纹，导电部位无烧蚀，灯管内部无发黑，镇流器无鼓包、变色 | |

## 二、司机室照明灯检修

**注：**（1）LED灯拆装时，应轻拿轻放，防止破碎。

（2）禁止用酒精清洁灯罩和反光板。

司机室照明灯检修内容及要求见表4-45。

**司机室照明灯检修内容及要求**　　　　　表4-45

| 序号 | 检修内容及要求 | 图示 |
|---|---|---|
| 1 | LED灯检修：<br>（1）拆卸灯罩一字固定螺栓，打开灯罩，一手按住灯座，一手旋转取下LED灯。<br>（2）用白棉布清洁LED灯及灯罩外表面，检查LED灯外观，要求内部无发黑，端头无松脱、烧蚀现象 | |
| 2 | 镇流器更换：<br>（1）拆卸内部镇流器罩板H5固定螺栓，打开罩板，拔下镇流器插头，取下镇流器。<br>（2）检查新镇流器外观，确认型号参数一致，无异常后进行安装。<br>（3）检查灯罩及其他附件表面无裂纹，导电部位无烧蚀，灯管内部无发黑，镇流器无鼓包、变色 | |

## 三、贯通道照明灯检修

**注**：(1)贯通道照明灯拆卸时,注意捏紧弹簧卡扣,避免夹手。
　　　(2)禁止用酒精清洁灯罩。

贯通道照明灯检修内容及要求见表4-46。

贯通道照明灯检修内容及要求　　　　表4-46

| 检修内容及要求 | 图示 |
|---|---|
| 贯通道照明灯检查：<br>(1)用手捏住灯罩两侧,向外慢慢抽出,看到两侧弹簧后,另一只手捏住弹簧,取下贯通道照明灯。<br>(2)用抹布酒精清洁灯组外观,检查外观无裂纹、变色,接线紧固无虚接 |  |

## 四、前照灯检修

**注**：(1)灯罩安装时,注意平齐,安装过力会导致灯罩裂纹。
　　　(2)禁止用酒精清洁灯罩和反光板。

前照灯检修内容及要求见表4-47。

前照灯检修内容及要求　　　　表4-47

| 检修内容及要求 | 图示 |
|---|---|
| 前照灯检修：<br>(1)切断电源,拆卸11个H5固定螺栓,取下灯罩(带装饰框)。<br>(2)用抹布酒精清洁灯组外观,检查外观无裂纹、变色,接线紧固无虚接。<br>(3)检查上部防护红灯LED外观无异常,检查中部远光灯无烧蚀现象,检查下部近光灯无烧蚀现象 |  |

## 五、列车照明系统测试

**注**：(1)前照灯测试调整时,在蓄电池供电下进行,禁止升弓送入高压。

(2) 前照灯调整期间,禁止手直接触摸反光圈及灯的外观,避免留有指纹,影响光照。

列车照明系统测试内容及要求见表4-48。

**列车照明系统测试内容及要求**　　　　　表4-48

| 测试内容及要求 | 图示 |
|---|---|
| 列车照明系统测试：<br>(1) 客室灯。用白光照度计进行测试,要求距离客室地板面800mm左右处测量客室照明照度,要求数值≥200Lux。<br>(2) 客室应急灯。要求在蓄电池供电情况下,所有应急灯可正常照明。<br>(3) 司机室灯及贯通道灯。要求可以正常照明,所有灯亮度基本一致。<br>(4) 前照灯：防护灯亮、灭逻辑正常,近光可以正常开、关。远光灯要求两侧灯在同一水平线,高度与灯高度基本一致 |  |

## 信息收集

我们的任务是：＿＿＿＿＿＿＿＿＿＿＿＿＿＿＿＿＿＿＿＿＿＿＿＿＿＿＿＿＿＿＿＿＿＿＿＿＿＿＿＿＿＿＿＿＿＿＿＿＿＿＿＿＿＿＿＿＿＿＿＿＿＿

为了顺利完成本任务,请完成以下信息收集(表4-49)。

**信息收集**　　　　　表4-49

| 序号 | 信息类别 | 相关要求 | 是否完成 |
|---|---|---|---|
| 1 | 作业条件 | 电客车断电已超3min | □是　□否 |
|   |      | 电客车禁动牌已设置 | □是　□否 |
| 2 | 人员要求 | 穿戴劳保鞋、安全帽 | □是　□否 |
|   |      | 穿戴防护服、防护手套 | □是　□否 |
| 3 | 注意事项 | 灯管及LED以及外部灯具禁用酒精擦拭 | □是　□否 |
|   |      | 照明灯拆卸前确认已断电 | □是　□否 |

续上表

| 序号 | 信息类别 | 相关要求 | 是否完成 |
|---|---|---|---|
| 3 | 注意事项 | 前照灯聚光圈禁止用手直接触摸 | □是 □否 |
| | | 灯管拆装注意技巧防止破碎 | □是 □否 |
| 4 | 作业关键点 | 客室照明灯管检修符合要求 | □是 □否 |
| | | 客室照明镇流器检修符合要求 | □是 □否 |
| | | 司机室照明灯管检修符合要求 | □是 □否 |
| | | 司机室照明镇流器检修符合要求 | □是 □否 |
| | | 贯通道照明灯接线检修符合要求 | □是 □否 |
| | | 前照灯外观及聚光圈检修符合要求 | □是 □否 |
| | | 照明系统检修完毕状态恢复符合要求 | □是 □否 |

情况说明：

确认签字： 年 月 日

 制订计划

(1) 根据检修任务要求制订检修计划，并描述作业关键点（表4-50）。

检修计划　　　　　　　　　　　　　　表4-50

| 序号 | 作业流程 | 作业关键点 |
|---|---|---|
| 1 | 客室照明灯检修 | |
| 2 | 司机室照明灯检修 | |
| 3 | 贯通道照明灯检修 | |
| 4 | 前照灯检修 | |
| 5 | 照明系统测试 | |

审核意见：

确认签字： 年 月 日

(2)根据检修计划做好作业前的准备工作(表4-51)。

检测设备、工器具、物料、劳保用品　　　　　表4-51

| 序号 | 名称 | 数量 | 清点 |
|---|---|---|---|
| 1 | H5内六角 | 1个 | □已清点 |
| 2 | 棘轮及加长杆 | 各1把 | □已清点 |
| 3 | 一字螺丝刀 | 1把 | □已清点 |
| 4 | 75%酒精 | 1瓶 | □已清点 |
| 5 | 抹布 | 1m | □已清点 |
| 6 | 毛刷 | 1把 | □已清点 |
| 7 | 红、黑划线笔 | 各1支 | □已清点 |
| 情况说明： | | | |
| | | 确认签字： | 年　月　日 |

(3)根据检修计划,完成小组分工及作业安全预想(表4-52)。

小组分工　　　　　表4-52

| 作业人 | | 互控人 | |
|---|---|---|---|
| 作业安全预想 | | | |
| 作业前 | | | |
| 作业中 | | | |
| 作业后 | | | |

## 任务实施

### 一、作业条件确认（表4-53）

作业条件确认　　　　　　　　　　　表4-53

| 图示 | 条件要求 | 实施情况 |
|---|---|---|
|  | 电客车断电已超3min | □是　□否 |
|  | 电客车禁动牌已设置 | □是　□否 |

### 二、列车照明系统检修（表4-54）

列车照明系统检修任务实施　　　　　　表4-54

| 序号 | 内容 | 图示 | 检修要求 | 实施情况 |
|---|---|---|---|---|
| 1 | 客室照明灯检修 |  | 拆卸灯罩H5固定螺栓，打开灯罩，取下灯管，清洁检查灯管外观 | □是　□否 |
| | | | 拆卸镇流器罩板H5固定螺栓，打开罩板，取下镇流器 | □是　□否 |
| | | | 用干抹布清洁灯管及罩板，检查其他附件无异常 | □是　□否 |

续上表

| 序号 | 内容 | 图示 | 检修要求 | 实施情况 |
|---|---|---|---|---|
| 1 | 客室照明灯检修 | | 按拆卸反步骤安装镇流器，拧紧H5固定螺栓 | □是　□否 |
| | | | 安装灯管，两手握住灯管两边对准卡槽压入灯管，旋转90°确认灯管安装紧固 | □是　□否 |
| | | | 安装灯罩，紧固H5固定螺栓，拧紧确保两边灯罩平齐即可 | □是　□否 |
| 2 | 司机室照明灯检修 | | 拆卸灯罩一字固定螺栓，打开灯罩，取下LED灯 | □是　□否 |
| | | | 拆卸镇流器罩板取下镇流器 | □是　□否 |
| | | | 用干抹布清洁镇流器、LED灯及灯罩，检查其他附件无异常 | □是　□否 |
| | | | 安装镇流器，连接插头，紧固镇流器罩板十字固定螺栓 | □是　□否 |
| | | | 一手按住灯座，一手将LED灯放入槽内旋转，固定LED灯 | □是　□否 |
| | | | 安装灯罩，紧固一字固定螺栓，确保灯罩安装平齐 | □是　□否 |

续上表

| 序号 | 内容 | 图示 | 检修要求 | 实施情况 |
|---|---|---|---|---|
| 3 | 贯通道照明灯检修 |  | 拆卸贯通道灯 | □是 □否 |
|   |   |   | 清洁外观,检查灯具接线及外观无异常 | □是 □否 |
|   |   |   | 捏住弹簧对准安装位,向上装入灯具 | □是 □否 |
| 4 | 前照灯检修 |  | 拆卸灯罩四周 H5 固定螺栓,取下灯罩 | □是 □否 |
|   |   |   | 抹布清洁灯罩表面,内部用棉花扫除浮灰。检查 LED 外观无发黑异常 | □是 □否 |
|   |   |   | 将罩板对准安装孔,依次带入 H5 内六固定螺栓,紧固至面板与车体断面基本平齐 | □是 □否 |

## 三、列车照明系统测试（表 4-55）

**列车照明系统测试任务实施**　　　　　　　表 4-55

| 图示 | 测试要求 | 实施情况 |
|---|---|---|
|  | 测试客室灯及应急灯，要求光照符合标准 | □是　□否 |
|  | 测试司机室灯及贯通道灯，要求各灯光照无色差 | □是　□否 |
|  | 测试前照灯，要求防护灯灯珠均亮，近光灯及远光灯光照平齐、居中 | □是　□否 |

### 检查控制

根据列车照明系统检修计划及实施情况，指导老师对作业质量进行检查和评价（表 4-56）。

**任务学习情况检查评价表**　　　　　　　表 4-56

| 序号 | 检查内容 | 检查结果 |
|---|---|---|
| 1 | 客室照明灯管检修符合要求 | □是　□否 |
| 2 | 客室照明镇流器检修符合要求 | □是　□否 |
| 3 | 司机室照明灯管检修符合要求 | □是　□否 |
| 4 | 司机室照明镇流器检修符合要求 | □是　□否 |
| 5 | 贯通道照明灯接线检修符合要求 | □是　□否 |
| 6 | 前照灯外观及聚光圈检修符合要求 | □是　□否 |
| 7 | 照明系统检修完毕状态恢复符合要求 | □是　□否 |

续上表

| 存在问题： |
| --- |
| 整改意见： |
| 确认签字：　　　　　年　月　日 |

### 评价反馈

（1）指导老师根据任务实施情况，对完成的工作量进行检查统计（表4-57）。

**任务实施完成情况表**　　　　　　　　　　　　　　　　表4-57

| 序号 | 作业分类 | 作业内容 | 完成结果 |
| --- | --- | --- | --- |
| 1 | 作业条件确认 | 状态确认 | □是　□否 |
| 2 | 客室照明检修 | 灯管及附件检修 | □是　□否 |
| 3 | | 镇流器更换 | □是　□否 |
| 4 | 司机室照明检修 | 灯管及附件检修 | □是　□否 |
| 5 | | 镇流器更换 | □是　□否 |
| 6 | 贯通道照明检修 | 贯通道灯拆卸 | □是　□否 |
| 7 | | 外观清洁、检查 | □是　□否 |
| 8 | 前照灯检修 | 灯罩拆卸 | □是　□否 |
| 9 | | 防护灯、近光、远光灯检修 | □是　□否 |
| 10 | 列车照明系统测试 | 客室灯测试 | □是　□否 |
| 11 | | 司机室及贯通道灯测试 | □是　□否 |
| 12 | | 前照灯测试 | □是　□否 |
| 存在问题： | | | |
| 整改意见： | | | |
| 确认签字：　　　　　年　月　日 | | | |

(2)根据任务实施情况,小组人员进行自我评价,指导老师对作业人员表现进行综合评价。

①作业人员评价:_____

②互控人员评价:_____

③指导老师评价:_____

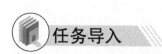

### 知识巩固

一、填空题

(1)客室照明的额定电压为_____ V。

(2)贯通道照明的额定电压为_____ V。

(3)司机室照明的额定电压为_____ V。

(4)前照灯的额定电压为_____ V。

(5)客室照明的光照度要求为_____ Lux。

二、简答题

(1)列车照明系统的作用是什么?

(2)客室照明的组成有哪些?

(3)列车照明系统的工作原理是什么?

(4)客室照明的检修内容及要求是什么?

(5)列车照明系统的测试内容及要求是什么?

## 任务四　空调机组检修

### 任务导入

某地铁公司架修车空调班班长,本周收到架修调度派发的0111车电客车空调系统系统架修生产任务后,班长将电客车空调机组架修生产任务派发给班组

×××员工,×××收到任务后进行作业前准备工作。

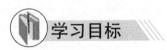

1. 知识目标

◆能口述空调机组的组成及工作原理;

※能口述空调机组测试内容及要求。

2. 技能目标

※能在实训现场或利用情景演示,口述或手动完成空调机组检修作业;

◆能发现他人在执行空调机组检修流程中存在的问题。

注:※学习难点;◆学习重点。

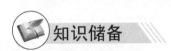

## 一、空调机组概述及工况

1. 概述

空调机组主要是为电客车提供通风、制冷或制热的装置,本任务就以 KG29H 型空调机组为例进行介绍。该空调机组采用顶置式安装,下送风下回风方式。空调机组采用单冷型式、计算机控制并具有自诊断功能。每辆车安装制冷能力为 29kW 的空调机组 2 台。当列车的一台辅助电源故障时,每一台空调机组自动减半运行。全列车各空调机组在车辆运行时由司机集中控制,在维修时可由维修人员单独控制。空调机组可与列车总线网络进行通信,并可通过列车总线网络对空调机组进行控制。

2. 工况

空调装置设有 4 种工况:手动、自动、通风和停止,可通过本车控制装置对空调进行控制,也可通过司机室内的显示器进行控制和温度设定。在手动工况时,空调机组根据各自的温度控制器所设定的温度进行客室内温度控制。在自动工况时,空调机组根据外界环境温度自动调节客室内温度。

## 二、空调机组的组成及制冷原理

1. 组成

空调机组各零部件组装在一个不锈钢板制成的箱体内,加盖板后形成一个整体。空调机组的主要部件包括全封闭制冷压缩机2台、冷凝器2台、毛细管2组、蒸发器2台、干燥过滤器2个、离心风机2台、轴流风机2台、气液分离器2个、回风电动阀1个、新风电动阀2个、新风感温头1个、回风感温头1个等,其主要组成部件可参考实物(图4-9)。

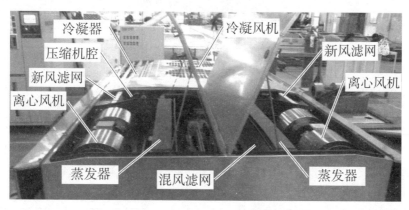

图4-9 空调机组实物

2. 制冷原理

由压缩机压缩成高温高压的R407c制冷剂蒸气,进入风冷冷凝器,经外界空气的强制冷却,冷凝成常温高压的液体,进入毛细管节流降压,变成低温低压的气液制冷剂,然后进入蒸发器,吸收流过蒸发器的空气的热量,蒸发成低温低压的蒸气,再经过气液分离器,被压缩机吸入,完成一个制冷循环。压缩机不断工作,达到连续制冷的效果。车内的空气通过蒸发器时,空气中的水分冷凝成水滴,被引到车外而起除湿作用,空调机组制冷系统流程如图4-10所示。

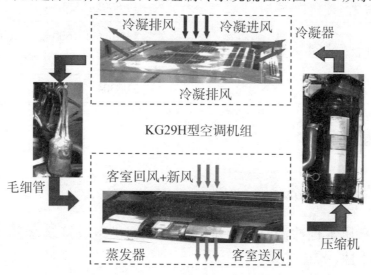

图4-10 空调制冷流程

## 三、空调机组相关技术参数

空调机组相关技术参数见表4-58。

**空调机组相关技术参数**　　　　表4-58

| 序号 | 名称 | 技术标准 |
|---|---|---|
| 1 | 绝缘电阻 | DC 500V,2MΩ |
| 2 | 额定控制回路电压 | DC 110V |
| 3 | 型式 | 车顶单元式(平底下出风下回风) |
| 4 | 电源 | 主回路:三相交流380V,50Hz;<br>控制回路:DC 24V,电磁阀 AC 220V,50Hz |
| 5 | 制冷量 | 29.1kW |
| 6 | 通风量 | 4000m³/h |
| 7 | 新风量(可调) | 最大为1270m³/h |
| 8 | 应急通风量 | 2000m³/h |
| 9 | 制冷剂 | R407c |
| 10 | 制冷剂充注量 | 3.7kg×2 |
| 11 | 输入功率 | 约14kW |
| 12 | 重量 | 约600kg |
| 13 | 外形尺寸(长×宽×高) | 3300mm×1600mm×300mm<br>(注:外形尺寸为不含安装座尺寸) |
| 14 | 构架材质 | SUS304 |

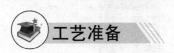

## 工艺准备

### 一、空调机组清洗

**注**:(1)高压水枪冲洗时防止水溅落到压缩机室或接线盒上,清洗机采用中性。

(2)高压水枪冲洗时防止蒸发器、冷凝器翅片冲击变形。

(3) 作业过程中勿徒手触摸或按压蒸发器、冷凝器翅片表面,以免损伤手和损坏翅片。

空调机组清洗内容及要求见表4-59。

空调机组清洗内容及要求　　　　　表4-59

| 序号 | 清洗内容及要求 | 图示 |
| --- | --- | --- |
| 1 | 清洗前防护：<br>(1) 用塑料密实袋包裹航空插头、通风机、风阀控制器接线插头,并用扎带绑扎牢固,确保密实不漏水。<br>(2) 用防护罩对回风室内的搭铁盒进行覆盖,确保覆盖全面,在清洗过程中不漏水。<br>(3) 用防护罩覆盖整个压缩机室,确保覆盖全面,在清洗过程中不漏水 | |
| 2 | 空调机组清洗：<br>(1) 打开空调机组上部盖板,确认清洗前部件已防护到位。<br>(2) 用高压清洗机对空调内部进行冲洗,注意清洗注意事项,避免造成机组部件损伤。<br>(3) 清洗完毕后,对空调机组进行整体控水,静置4h确认无积水后,连接风管用压缩空气对空调机组内部进行吹干 | |

## 二、通风机检修

**注**：(1) 对电动机转子和电动机进行标记,以及对转子的左右进行标记,做到原拆原装。

(2) 对风机风叶左右标记,做到原拆原装。

(3) 轴承安装时,确保安装到位,防止脱出。

通风机检修内容及要求见表4-60。

通风机检修内容及要求　　　　　　　表4-60

| 序号 | 检修内容及要求 | 图示 |
| --- | --- | --- |
| 1 | 通风机拆卸：<br>(1) 拆掉电动机接线盒4个M5×20的六角头带十字槽螺栓，取下接线盒盖。<br>(2) 拆掉电动机三相接线固定螺母3个M4螺母，拆掉搭铁线M4×10螺钉，分离接线。<br>(3) 拆掉电动机线缆M20×1.5mm锁扣，取出电动机接线。<br>(4) 拆掉通风机固定的6个M8的螺母，取出通风机 | |
| 2 | 通风机扇叶分解：<br>(1) 分解离心风机左右外侧扇叶护板8个M4×7十字槽小盘头螺钉，取下护板。<br>(2) 分解离心风机左右叶轮2个M6×15内六角圆柱头螺钉，用拉马拆掉左右叶轮 | |
| 3 | 通风机电动机检修：<br>(1) 分解左侧电动机端盖3个M5×25固定螺栓，用铜棒敲击电动机的右侧轴端，将电动机转子拿出。拆除电动机4个M8×25固定螺栓，取下电动机。<br>(2) 轴承在转子上用拉马将其退下，轴承在端盖上用内拉马将其退下。<br>(3) 更换电动机轴承。核对轴承型号NSK6204ZZ，将轴承放到安装位置，用SKF轴承安装工具，将轴承分别敲入轴承安装位置。将弹簧垫圈四个接触点涂适当黄油，放入轴承端盖两端，将更换完轴承的转子平行放入电动机内部，进行组装 | |

续上表

| 序号 | 检修内容及要求 | 图示 |
|---|---|---|
| 4 | 通风机组装：<br>(1) 安装风机左右叶轮，方销插入轴端，用2个M6×15内六角圆柱头螺钉进行固定。<br>(2) 安装风机左右外侧扇叶护板，用8个M4×7十字槽小盘头螺钉进行固定 | |

## 三、冷凝风机检修

注：(1) 对电动机转子和电动机进行标记，以及对转子的左右进行标记，做到原拆原装。

(2) 对风机风叶左右标记，做到原拆原装。

(3) 轴承安装时，确保安装到位，防止脱出。

冷凝风机检修内容及要求见表4-61。

**冷凝风机检修内容及要求**　　　　　　　　　　表4-61

| 序号 | 检修内容及要求 | 图示 |
|---|---|---|
| 1 | 冷凝风机拆卸：<br>(1) 拆卸22个M8×20的固定螺栓，将冷凝盖板搬离。<br>(2) 拆掉冷凝风机接线U、V、W接线，用剪线钳剪掉线路上的扎带。<br>(3) 拆掉冷凝风机线路锁扣M20×1.5mm，拆卸搭铁线螺栓2个M8×20的螺栓，分离接线。<br>(4) 拆掉冷凝风机固定螺栓M8×20的螺栓，取出冷凝风机 | |
| 2 | 冷凝风机分解：分解冷凝风机扇叶固定螺母2个M12螺栓，用拉马将冷凝风机的扇叶拔出 | |

续上表

| 序号 | 检修内容及要求 | 图示 |
|---|---|---|
| 3 | 冷凝风机电动机检修：<br>(1)分解电动机下端盖 M5×140 固定螺栓，用铜棒敲击电动机的右侧轴端，将电动机转子拿出。<br>(2)轴承在转子上用拉马将其退下，轴承在端盖上用内拉马将其退下。<br>(3)更换电动机轴。核对轴承型号 NSK6205ZZ，将轴承放到安装位置，用 SKF 轴承安装工具，将轴承分别敲入轴承安装位置。将弹簧垫圈放入轴承端盖两端，将更换完轴承的转子平行放入电动机内部，进行组装。安装电动机端盖，用 3 个 M5×140 固定螺栓进行固定 | |
| 4 | 冷凝风机组装：<br>(1)冷凝风机安装，用 8 个 M8×20 的螺栓进行固定。搭铁线安装，用 2 个 M8×20 的螺栓进行固定。<br>(2)安装线缆锁扣及 U、V、W 三相线，安装 22 个 M8×20 的固定螺栓，将冷凝盖板进行固定 | |

## 四、空调机组检修

**注：**(1)滤网拆装过程中需戴手套，避免划手。

(2)作业过程中勿徒手触摸或按压蒸发器、冷凝器翅片表面，以免损伤手和损坏翅片。

空调机组检修内容及要求见表 4-62。

空调机组检修内容及要求　　　　　　表4-62

| 序号 | 检修内容及要求 | 图示 |
|---|---|---|
| 1 | 滤网检修：<br>（1）打开新风过滤网框架锁扣，分离两侧框架，取出旧无纺布滤料。<br>（2）使用水加清洁剂清洁新风过滤网框架。<br>（3）手动检查新风过滤网框架状态良好，铆接部位无松动，附件齐全。当滤网框外部铁网损坏超过10%时更换新件。<br>（4）更新新风滤网的无纺布滤料，将滤料铺在框架一侧，合上两侧框架，并关闭锁扣，检查滤料安装牢固。<br>（5）检查回路滤网，对破损严重的进行更新 | |
| 2 | 风阀控制器检修：<br>（1）用钟表螺丝刀将新风风阀控制器插头座卡扣撬出，取下插头。<br>（2）拆卸新风阀与新风口的2个M8安装螺母，将新风阀整体拆下。保持新风阀为关闭状态，使用8mm套筒和棘轮配合8mm的扳手拆卸风阀控制器底座在新风阀上的2个M5安装螺母，取下风阀控制器。<br>（3）拆卸回风风阀控制器。保持回风阀为打开状态，使用8mm套筒和棘轮扳手配合8mm的扳手拆卸风阀控制器底座在回风阀上的2个M5安装螺母，按第（1）条的方法拆卸风阀控制器插头，取下风阀控制器。<br>（4）清洁风阀外表面，检查风阀表面无裂纹、破损，附属部件固定牢固。<br>（5）手动按下风阀解锁按钮，手动来回旋转驱动部位，转动自由无卡滞 | |

续上表

| 序号 | 检修内容及要求 | 图示 |
|---|---|---|
| 3 | 机组内部附件检修：<br>(1) 检查附件。检查空调机组盖板方孔锁、盖板插销、蒸发室盖板铰链、支撑杆等所有附件状态良好，无损坏，无锈蚀，焊接部位无脱焊等缺陷，安装螺栓紧固，防松线齐全、清晰。盖板方孔锁橡胶保护套齐全。<br>(2) 检查保温层。目视检查壳体各保温层无老化、裂痕、破损等缺陷，否则对有缺陷部位进行去除并按去除面积裁剪新保温层，使用401胶重新进行黏接；目视检查保温层黏接处无开胶情况，否则使用401胶重新黏接。保温层黏接牢固可靠。<br>(3) 检查密封条。目视检查壳体盖板密封处的V形胶条，胶条有破损时去除整根V形胶条，更换新品按原位置拼接，粘贴牢固。胶条有脱落时使用401胶重新粘贴牢固 | |
| 4 | 制冷系统附件检修：<br>(1) 目视检查蒸发器、冷凝器散热翅片无变形，否则用翅片梳进行矫正。<br>(2) 使用电子检漏仪检查制冷系统管路各连接处，制冷管路与蒸发器、冷凝器、压缩机、气液分离器、干燥过滤器等部件连接部位，各连接处密封良好，无制冷剂泄漏。<br>(3) 目视检查毛细管走向顺畅、无干涉，无异常变形，否则手动矫正。<br>(4) 手动检查制冷管路所有管卡，固定螺钉安装牢固可靠，管卡内橡胶垫片无损坏、脱落 | |

## 五、空调机组测试

**注**：(1) 该项作业在有电情况下进行，应防止误操作，造成触电。

(2) 该项作业属于旋转类试压，头发袖口需收紧。

(3)该项作业应设防护带,杜绝人员靠近。

空调机组测试内容及要求见表4-63。

**空调机组测试内容及要求** 表4-63

| 序号 | 测试内容及要求 | 图示 |
|---|---|---|
| 1 | 空调机组线路测试:<br>(1)将空调机组线排冷凝风机、电磁阀的插头及通风机接线断开。<br>(2)用航空插头短接插头将线路短接,用绝缘电阻测试仪对线与地回路测量。<br>(3)用航空插头将线路相间进行短接,用绝缘电阻测试仪对线与线回路测量。<br>(4)将空调机组线排高低压插头、风阀执行器及传感器接线断开。<br>(5)用航空插头短接插头将线路短接,用绝缘电阻测试仪对线与地回路测量 | |
| 2 | 空调机组试验:<br>(1)连接器连接。拿出空调机组试验台的接线与空调机组航空插头CN1 CN2连接。<br>(2)连接电源线。拿出空调机组试验台的电源插头,和墙上配电柜上插座连接。<br>(3)空调试验台供电。合上空调试验台上控制电源空气开关和主电源空气开关,观察电压表电压380V,旋转电压开关,观察U、V、W各相都有电压。<br>(4)电磁阀测试。工况选择打到试阀,分别按下一位液管电磁阀、一位容量电磁阀、一位旁通电磁阀、二位液管电磁阀、二位容量电磁阀、二位旁通电磁阀。<br>(5)风阀试验。工况选择打到试阀,分别打开新风阀开关、回风阀开关,阀门能正常动作。工况选择打到试风机,分别打开通风机、冷凝风机、一位压缩机、二位压缩机。工况选择打到制冷,观察空调机组无异响、异振现象,空调机组通风、制冷及各项保护功能正常 | |

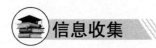

## 信息收集

我们的任务是:_____

_____

为了顺利完成本任务,请完成以下信息收集(表4-64)。

信息收集　　　　　　　表4-64

| 序号 | 信息类别 | 相关要求 | 是否完成 |
|---|---|---|---|
| 1 | 作业条件 | 空调机组清洗池 | □是　□否 |
|   |         | 空调机组转运车 | □是　□否 |
|   |         | 空调机组起吊装置 | □是　□否 |
| 2 | 人员要求 | 穿戴劳保鞋、安全帽 | □是　□否 |
|   |         | 穿戴防护服、防护手套 | □是　□否 |
| 3 | 注意事项 | 空调清洗前防护插头、接线盒、压缩机 | □是　□否 |
|   |         | 空调清洗选用中性清洁剂 | □是　□否 |
|   |         | 空调机组翅片检修时戴好手套,避免划伤 | □是　□否 |
|   |         | 空调机组试验期间禁止靠近,防止扇叶伤人 | □是　□否 |
| 4 | 作业关键点 | 空调机组清洁符合标准 | □是　□否 |
|   |         | 通风机检修符合要求 | □是　□否 |
|   |         | 冷凝风机检修符合要求 | □是　□否 |
|   |         | 空调机组检修符合要求 | □是　□否 |
|   |         | 空调机组测试符合要求 | □是　□否 |

情况说明:

确认签字:　　　年　月　日

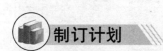

(1)根据检修任务要求制订检修计划,并描述作业关键点(表4-65)。

检修计划　　　　　　　　　　　　　　　　　　　　　　　　　　　　表4-65

| 序号 | 作业流程 | 作业关键点 |
|---|---|---|
| 1 | 空调机组清洁 | |
| 2 | 通风机检修 | |
| 3 | 冷凝风机检修 | |
| 4 | 空调机组检修 | |
| 5 | 空调机组测试 | |
| 审核意见： | | |
| | | 确认签字：　　　　年　月　日 |

(2)根据检修计划做好作业前的准备工作(表4-66)。

检测设备、工器具、物料、劳保用品　　　　　　　　　　　　　　表4-66

| 序号 | 名称 | 数量 | 清点 |
|---|---|---|---|
| 1 | 58件套 | 1套 | □已清点 |
| 2 | 空调清洗机 | 各1把 | □已清点 |
| 3 | 风管连接装置 | 1把 | □已清点 |
| 4 | 斜口钳 | 1把 | □已清点 |
| 5 | 绝缘电阻测试仪 | 1个 | □已清点 |
| 6 | 检漏仪 | 1个 | □已清点 |
| 7 | 空调试验台 | 台 | □已清点 |
| 8 | 75%酒精 | 1瓶 | □已清点 |
| 9 | 抹布 | 1m | □已清点 |
| 10 | 毛刷 | 1把 | □已清点 |
| 11 | 红、黑划线笔 | 各1支 | □已清点 |
| 12 | 美纹纸 | 1卷 | □已清点 |
| 13 | 密封袋 | 10个 | □已清点 |
| 情况说明： | | | |
| | | | 确认签字：　　　年　月　日 |

(3)根据检修计划,完成小组分工及作业安全预想(表4-67)。

小组分工　　　　　　　　　　　　　表4-67

| 作业人 | | 互控人 | |
|---|---|---|---|
| 作业安全预想 ||||
| 作业前 ||||
| 作业中 ||||
| 作业后 ||||

## 任务实施

## 一、作业条件确认(表4-68)

作业条件确认　　　　　　　　　　表4-68

| 图示 | 条件要求 | 实施情况 |
|---|---|---|
| | 空调机组清洗池 | □是　□否 |
| | 空调机组转运车 | □是　□否 |
| | 空调机组起吊装置 | □是　□否 |

## 二、空调机组清洗（表4-69）

空调机组清洗任务实施　　　　　　　　　　　表4-69

| 序号 | 内容 | 图示 | 防护要求 | 实施情况 |
|---|---|---|---|---|
| 1 | 空调机组防护 | | 防护插头、接线盒、压缩机 | □是　□否 |
| | | | 确认防护捆扎到位，水无法流入 | □是　□否 |
| 2 | 空调机组清洗 | | 使用中性清洁剂，高压水枪清洁机组内部 | □是　□否 |
| | | | 清洗完毕，空水4h以上，确认无积水 | □是　□否 |
| | | 吹尘设备 | 使用风源装置吹干机组内部 | □是　□否 |

## 三、通风机检修(表4-70)

通风机检修任务实施　　　　　表4-70

| 序号 | 内容 | 图示 | 检修要求 | 实施情况 |
|---|---|---|---|---|
| 1 | 通风机拆卸 | | 拆卸接线盒盖 M5 螺栓,取下盒盖 | □是　□否 |
| | | | 拆卸三相线缆接头 M4 螺栓,分离线缆 | □是　□否 |
| | | | 拆卸线缆固定凸缘 M20 螺母 | □是　□否 |
| | | | 拆卸连接搭铁线 M4 螺栓,分离搭铁线 | □是　□否 |
| | | | 拆卸风机 M8 安装螺栓,取下风机 | □是　□否 |
| 2 | 通风机扇叶分解 | | 拆卸左右扇叶 M4 固定螺栓,取下扇叶护板 | □是　□否 |

续上表

| 序号 | 内容 | 图示 | 检修要求 | 实施情况 |
|---|---|---|---|---|
| 2 | 通风机扇叶分解 | | 拆卸左右叶轮M6螺栓，取下作业叶轮 | □是　□否 |
| 3 | 通风机电动机检修 | | 拆卸电动机前后端盖M5螺栓，用铜棒敲除转子 | □是　□否 |
| | | | 用拉马拆卸电动机轴承，更换新轴承，用拉马安装到位 | □是　□否 |
| 4 | 通风机组装 | | 安装左右叶轮，紧固安装螺栓 | □是　□否 |
| | | | 安装左右护板，紧固安装螺栓 | □是　□否 |

## 四、冷凝风机检修(表4-71)

冷凝风机检修任务实施　　　　　表4-71

| 序号 | 内容 | 图示 | 检修要求 | 实施情况 |
|---|---|---|---|---|
| 1 | 风机拆卸 |  | 拆卸冷凝风机盖板M8螺栓,取下盖板 | □是　□否 |
| | | | 拆卸风机三相接线,剪开捆绑扎带 | □是　□否 |
| | | | 拆卸线缆固定M20凸缘扣,拆卸风机固定螺栓,取出冷凝风机 | □是　□否 |

续上表

| 序号 | 内容 | 图示 | 检修要求 | 实施情况 |
|---|---|---|---|---|
| 2 | 风机分解检修 | | 分解扇叶 M12 固定螺母,用拉马拔出扇叶 | □是 □否 |
| | | | 拆卸电动机下盖 M5 螺栓,敲除转子 | □是 □否 |
| | | | 用拉马拆卸电动机轴承,更换新轴承,用拉马安装到位 | □是 □否 |
| | | | 用铜棒敲入转子,安装电动机端子及扇叶 | □是 □否 |

## 五、空调机组检修（表4-72）

**空调机组检修任务实施** 表4-72

| 图示 | 检修要求 | 实施情况 |
|---|---|---|
| | 更换新风滤网棉，更换破损的回风滤网 | □是 □否 |
| | 拆卸风阀控制器，清洁外观，检查风阀动作状态 | □是 □否 |
| | 检查空调机组附件，要求无异常 | □是 □否 |
| | 检查保温层，更换破损保温层 | □是 □否 |
| | 检查V形胶条，更换破损、松脱的胶条 | □是 □否 |
| | 检查制冷系统附件，确认翅片排列整齐，毛细管无损伤 | □是 □否 |

## 六、空调机组测试(表4-73)

空调机组测试任务实施　　　　　　表4-73

| 序号 | 内容 | 图示 | 测试要求 | 实施情况 |
|---|---|---|---|---|
| 1 | 空调机组线路测试 | | 断开通风机、冷凝风机、电磁阀插头及接线 | □是 □否 |
| | | | 用插头短接机组插头 | □是 □否 |
| | | | 测试空调机组通风机、冷凝风机、压缩机及电磁阀线路绝缘电阻,要求500V、绝缘值>2MΩ | □是 □否 |
| | | | 测试空调机组温度传感器、风阀执行器及高低压压力开关线路绝缘电阻,要求500V、绝缘值>2MΩ | □是 □否 |
| 2 | 空调机组试验 | | 将机组与试验台连接 | □是 □否 |
| | | | 接通试验台电源,检查试验台状态 | □是 □否 |

续上表

| 序号 | 内容 | 图示 | 测试要求 | 实施情况 |
|---|---|---|---|---|
| 2 | 空调机组试验 | | 测试电磁阀功能,要求动作逻辑正常 | □是 □否 |
| | | | 测试风阀功能,要求动作逻辑正常 | □是 □否 |

 检查控制

根据空调机组检修计划及实施情况,指导老师对作业质量进行检查和评价(表4-74)。

任务学习情况检查评价表　　　　　　　表4-74

| 序号 | 检查内容 | 检查结果 |
|---|---|---|
| 1 | 空调机组清洁符合要求 | □是 □否 |
| 2 | 通风机检修符合要求 | □是 □否 |
| 3 | 冷凝风机检修符合要求 | □是 □否 |
| 4 | 空调机组检修符合要求 | □是 □否 |
| 5 | 空调机组测试符合要求 | □是 □否 |

存在问题:

整改意见:

确认签字:　　　年　月　日

 评价反馈

(1)指导老师根据任务实施情况,对完成的工作量进行检查统计(表4-75)。

**任务实施完成情况表**　　　　　　　　　　　　　　　　　　　表 4-75

| 序号 | 作业分类 | 作业内容 | 完成结果 |
|---|---|---|---|
| 1 | 作业条件确认 | 状态确认 | □是　□否 |
| 2 | 空调机组清洁 | 清洁前机组防护 | □是　□否 |
| 3 | | 空调机组清洁 | □是　□否 |
| 4 | 通风机检修 | 通风机拆卸 | □是　□否 |
| 5 | | 通风机分解检修 | □是　□否 |
| 6 | | 通风机组装 | □是　□否 |
| 7 | 冷凝风机检修 | 冷凝风机拆卸 | □是　□否 |
| 8 | | 冷凝风机分解检修 | □是　□否 |
| 9 | | 冷凝风机组装 | □是　□否 |
| 10 | 空调机组检修 | 滤网检修 | □是　□否 |
| 11 | | 风阀检修 | □是　□否 |
| 12 | | 机组附件检修 | □是　□否 |
| 13 | | 保温层检修 | □是　□否 |
| 14 | | V 形胶条检修 | □是　□否 |
| 15 | | 制冷系统附件检修 | □是　□否 |
| 16 | 空调机组测试 | 空调机组线路测试 | □是　□否 |
| 17 | | 空调机组功能测试 | □是　□否 |

存在问题：

整改意见：

确认签字：　　　年　月　日

（2）根据任务实施情况，小组人员进行自我评价，指导老师对作业人员表现进行综合评价。

①作业人员评价：_____

②互控人员评价：_____
_____

③指导老师评价：_____
_____

知识巩固

一、填空题

(1) 空调机组的额定控制电压为_____ V。

(2) 空调机组的额定工作电压为_____ V。

(3) 空调机组线缆的绝缘电阻要求为_____ MΩ。

(4) 空调制冷剂的型号为_____。

(5) 空调机组的制冷量为_____ kW。

二、简答题

(1) 空调机组的结构组成是什么？

(2) 空调机组的工作原理是什么？

(3) 空调机组制冷系统的工作原理是什么？

(4) 空调机组的试验内容及要求是什么？

(5) 如何进行空调机组线路测试？

# 项目五　城市轨道交通车辆其他电气设备检修

城市轨道交通车辆其他电气设备一般包括具备控制电客车运行、开关车门、监控列车状态等功能的司机室驾驶台,保护电客车辅助电路、照明电路、信息与监视电路、空调与通风电路、车门电路相关电器及设备的中低压设备柜和具备对电路进行汇流、分流、搭铁开关等功能的底架电气箱,以及乘客日常上下列车相关的客室侧门。城市轨道交通车辆其他电气设备的检修目的是使设备恢复最佳的性能状态,能够安全可靠地持续工作。本项目学习任务为:任务一,司机室驾驶台设备检修;任务二,中低压设备柜和底架电气箱检修;任务三,客室侧门检修。

## 任务一　司机室驾驶台设备检修

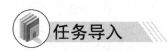

**任务导入**

某地铁公司检修车间定修班班长,当日收到检修调度派发的 0312 电客车年检生产任务后,班长将司机室驾驶台年检生产任务派发给班组×××员工,×××收到任务后进行作业前准备工作。

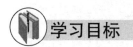

**学习目标**

1. 知识目标
◆能口述司机室驾驶台部件组成及功能;
※能口述司机室驾驶台试验作业方法及标准。
2. 技能目标
※能在实训现场或利用情景演示,口述或手动完成司机室驾驶台检修作业;
◆能发现他人在执行司机室驾驶台检修流程中存在的问题。
**注:**※学习难点;◆学习重点。

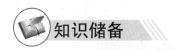 知识储备

# 一、司机室驾驶台定义及结构组成

1. 司机室驾驶台

司机室驾驶台安装在拖车（Tc车）上，供司机驾驶列车使用。司机室驾驶台可以控制牵引系统、制动系统、门系统、空调系统、照明系统等，具有列车故障诊断等功能。

2. 司机室驾驶台结构组成

一列6辆编组的电客车，分别以1辆拖车（Tc车）加2辆动车（M车）组成一个单元，司机室驾驶台设置在每个单元的拖车车内。由于不同车型的设计理念及牵引、制动等系统各不相同，司机室驾驶台也具有巨大差异。现就以长春轨道客车公司生产的DKZ75型电客车的结构为例进行介绍，其主要结构可参考司机室驾驶台结构图（图5-1）、实物图（图5-2）。

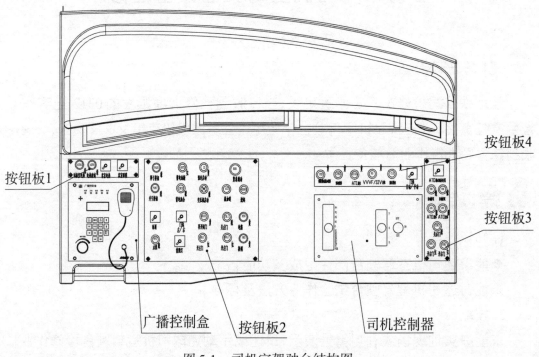

图5-1 司机室驾驶台结构图

图 5-2　司机室驾驶台实物图

## 二、司机室驾驶台功能

司机室驾驶台为司机操控列车的平台,司机能够在该平台上完成对列车日常运营中的操作,包括控制列车运行方向、开关车门、到站播报、开关照明、监控客室等。

## 一、司机室驾驶台清洁

注:(1)电客车必须在无电情况下进行清洁。

(2)清洁时,不可过量使用酒精。

司机室驾驶台清洁内容及要求见表 5-1。

司机室驾驶台清洁内容及要求　　　　　表 5-1

| 清洁内容及要求 | 图示 |
|---|---|
| 使用酒精清洁面板、广播控制盒、手持话筒、指示灯板、按钮旋钮板及线缆,要求表面清洁无污垢、无灰尘,面板表面字迹清晰,所有线号清晰可见 |  |

## 二、司机室驾驶台检查

**注**：(1) 电客车必须在无电情况下进行检查。

(2) 所有按钮、旋钮、指示灯等部件安装状态、接线状态、按键防脱帽均需逐个进行检查。

(3) 所有部件在确保接线状态良好的情况下，应保证端子与接线柱有最大接触面积。

司机室驾驶台检查内容及要求见表5-2。

司机室驾驶台检查内容及要求　　　表5-2

| 序号 | 检查内容及要求 | 图示 |
| --- | --- | --- |
| 1 | 检查广播控制盒，要求广播控制盒按键字迹清晰、按键外观状态正常、插头插座安装牢固、接线紧固、无退针缩针、无腐蚀变色 | |
| 2 | 检查所有按钮、旋钮、指示灯，要求表面无裂纹、破损，部件安装牢固，对所有部件接线端子进行紧固，确保所有部件接线状态良好，接线点无锈蚀、电腐蚀情况，按钮旋钮动作灵活无卡滞、回弹有力无异响，面板表面无裂纹、破损 | |
| 3 | 对所有按钮进行防脱帽检查，将按钮按下施加压力的同时，手指逆时针旋转90°以上，要求按钮帽无松脱情况 | |

## 三、司机室驾驶台试验

**注:** 司机室驾驶台功能试验在 NRM 模式下进行,完成试验后将模式转换为 NORM 模式。

司机室驾驶台试验内容及要求见表5-3。

司机室驾驶台试验内容及要求　　　表5-3

| 序号 | 试验内容及要求 | 图示 |
|---|---|---|
| 1 | 试灯检查,按下试灯按钮,检查司机室驾驶台上指示灯有无异常,确认强迫缓解、停放制动、门关好、门允许、ATP切除、ATI故障指示灯、开门短接、紧急制动施加、制动不缓解共9个指示灯应点亮 | |
| 2 | 空气压缩机功能检查。闭合司机台上空气压缩机启动开关,目视ATI屏空气压缩机启动,车下观察空气压缩机工作正常,空气压缩机工作范围800~900kPa | |
| 3 | 客室照明灯功能检查。转动客室照明灯开关,客室照明灯应亮。按下右侧屏上司机室照明灯按钮,司机室照明灯应亮,外观正常 | |

续上表

| 序号 | 试验内容及要求 | 图示 |
|---|---|---|
| 4 | 广播功能、司机室对讲功能检查。操作广播控制盒，按住对讲机通话按钮进行测试。司机对客室广播功能检查。在激活端操作广播控制盒，控制方式转到人工，按住对讲机通话按钮进行测试。列车报站功能检查。在激活端操作广播控制盒，控制方式转到手动，进行广播预报站及到站测试，控制方式转到自动，进行广播预报站及到站测试。列车紧急广播检查。在激活端操作广播控制盒，控制方式转到手动，进行紧急广播功能测试 | |
| 5 | 电热功能检查。开启客室电热器、司机室电加热器及电热玻璃，电暖功能开启时手摸座椅确认电暖正常工作，电热玻璃及司机室电热器有明显温升 | |
| 6 | 刮水功能检查。操作刮水按钮，进行低速、高速测试，刮水机构运动平滑，水管无拉扯，喷水功能良好 | |
| 7 | 客室侧门功能检查。操纵左右门选，客室侧门集控开门，每侧各两次进行测试，一次通过操作台开关、一次通过侧屏开关进行两侧客室门集控开关门功能正常，所有门可正常开关，车体外侧门开门指示灯状态良好，司机室操作台门关好灯状态正常，ATI显示门开关状态正常。通过集控方式操作打开车门后，使用再开闭按钮关闭该侧车门，所有车门可正常关闭，开门指示灯、门关好指示灯、ATI显示车门正常关闭 | |

## 信息收集

我们的任务是：_____

_____

为了顺利完成本任务，请完成以下信息收集（表5-4）。

信息收集　　　　　　　　　　　　　　　　表5-4

| 序号 | 信息类别 | 相关要求 | 是否完成 |
|---|---|---|---|
| 1 | 作业条件 | 电客车在无电条件下进行作业 | □是　□否 |
|   |          | 断开蓄电池主电路及控制电路低压断路器 | □是　□否 |
| 2 | 人员要求 | 穿戴劳保鞋、安全帽 | □是　□否 |
|   |          | 穿戴防护服、防护手套 | □是　□否 |
| 3 | 注意事项 | 谨防物料、工器具掉落至司机室驾驶台内部 | □是　□否 |
|   |          | 司机室驾驶台清洁过程中，谨防工器具剐蹭台面 | □是　□否 |
|   |          | 开关车门试验过程中，需规范提醒客室，严防人员坠落 | □是　□否 |
|   |          | 司机室驾驶台试验前，需严格确认车底无人员 | □是　□否 |
|   |          | 司机室驾驶台试验在NRM模式下进行，完成检查后将模式转换为NORM | □是　□否 |
|   |          | 作业后出清现场物料 | □是　□否 |
| 4 | 作业关键点 | 所有按钮、旋钮、指示灯需要按照要求逐个进行检查 | □是　□否 |
|   |          | 试验过程中需严格确认功能状态 | □是　□否 |

情况说明：

　

　

　

　

　　　　　　　　　　　　　　　　　　　确认签字：　　　　年　月　日

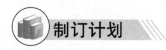 制订计划

(1)根据检修任务要求制订检修计划,并描述作业关键点(表5-5)。

检修计划　　　　　　　　　　　　　表5-5

| 序号 | 作业流程 | 作业关键点 |
|---|---|---|
| 1 | 拆卸 |  |
| 2 | 清洁 |  |
| 3 | 检查 |  |
| 4 | 安装 |  |
| 5 | 试验 |  |

审核意见：

确认签字：　　　年　月　日

(2)根据检修计划做好作业前的准备工作(表5-6)。

检测设备、工器具、物料、劳保用品　　　　　　　　表5-6

| 序号 | 名称 | 数量 | 清点 |
|---|---|---|---|
| 1 | 手套 | 4只 | □已清点 |
| 2 | 一字螺丝刀 | 1个 | □已清点 |
| 3 | 十字螺丝刀 | 1个 | □已清点 |
| 4 | 内六角组套 | 1套 | □已清点 |
| 5 | 司控钥匙 | 1把 | □已清点 |
| 6 | 75%酒精 | 1瓶 | □已清点 |
| 7 | 抹布 | 0.5m | □已清点 |
| 8 | 红、黑划线笔 | 各1支 | □已清点 |

情况说明：

确认签字：　　　年　月　日

(3)根据检修计划,完成小组分工及作业安全预想(表5-7)。

## 项目五 城市轨道交通车辆其他电气设备检修

小组分工　　　　　　　　　　　　　　　　　　　　表5-7

| 作业人 | | 互控人 | |
|---|---|---|---|
| 作业安全预想 ||||
| 作业前 ||||
| 作业中 ||||
| 作业后 ||||

## 任务实施

### 一、作业条件确认（表5-8）

作业条件确认　　　　　　　　　　　　　　　　　　表5-8

| 图示 | 条件要求 | 实施情况 |
|---|---|---|
|  | 列车断电已超过3min | □是　□否 |
|  | 蓄电池主电路及控制电路断路器已断开 | □是　□否 |

· 247 ·

## 二、面板拆卸(表5-9)

面板拆卸任务实施  表5-9

| 图示 | 拆卸要求 | 实施情况 |
|---|---|---|
|  | 拆卸广播控制盒、按钮板、指示灯板H5 螺栓 | □是 □否 |
|  | 每拆卸一颗螺栓,需将其放置到工具盒内,严防螺栓丢失、掉落台内 | □是 □否 |

## 三、清洁(表5-10)

清洁任务实施  表5-10

| 图示 | 清洁要求 | 实施情况 |
|---|---|---|
|  | 抹布蘸取酒精 | □是 □否 |
|  | 清洁广播控制盒及手持话筒 | □是 □否 |
|  | 清洁按钮、旋钮、指示灯及接线 | □是 □否 |
|  | 清洁面板 | □是 □否 |
|  | 表面无灰尘、污垢,线号清晰可见 | □是 □否 |

## 四、检查(表 5-11)

检查任务实施　　　　　　　　　　　表 5-11

| 图示 | 检查要求 | 实施情况 |
|---|---|---|
|  | 检查所有按钮、旋钮、指示灯 | □是　□否 |
|  | 所有部件紧固状态良好、动作灵活、无异常 | □是　□否 |
|  | 所有按钮进行防脱帽检查 | □是　□否 |
|  | 按钮帽无松脱 | □是　□否 |
|  | 检查广播控制盒 | □是　□否 |
|  | 广播控制盒紧固良好、插头插针状态良好、按键状态良好 | □是　□否 |

## 五、安装（表5-12）

安装任务实施 表5-12

| 图示 | 安装要求 | 实施情况 |
|---|---|---|
|  | 安装广播控制盒、按钮板、指示灯板 | □是 □否 |
|  | 各面板线缆安装无干涉、安装紧固、无松动 | □是 □否 |

## 六、司机室驾驶台试验（表5-13）

司机室驾驶台试验任务实施 表5-13

| 图示 | 试验要求 | 实施情况 |
|---|---|---|
|  | 试灯功能良好 | □是 □否 |
|  | 空气压缩机功能良好 | □是 □否 |
|  | 客室照明功能良好 | □是 □否 |
|  | 电热系统功能良好 | □是 □否 |

续上表

| 图示 | 试验要求 | 实施情况 |
|---|---|---|
|  | 广播控制盒功能良好 | □是　□否 |
|  | 刮水功能良好 | □是　□否 |
|  | 开关门功能良好 | □是　□否 |

### 检查控制

根据司机室驾驶台检修计划及实施情况,指导老师对作业质量进行检查和评价(表5-14)。

**任务学习情况检查评价表**　　　　　　　　　　表5-14

| 序号 | 检查内容 | 检查结果 |
|---|---|---|
| 1 | 面板拆卸是否完整、有无螺栓及工器具掉落 | □是　□否 |
| 2 | 各面板、部件清洁是否到位 | □是　□否 |
| 3 | 按钮、旋钮动作、各部件外观、接线、广播控制盒检查,防脱帽检查是否到位 | □是　□否 |
| 4 | 安装是否紧固、无干涉 | □是　□否 |
| 5 | 司机室驾驶台功能试验是否正确无误 | □是　□否 |
| 存在问题: 整改意见: 　　　　　　　　　　　　　　　　　　确认签字:　　　年　月　日 | | |

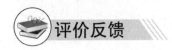 评价反馈

(1)指导老师根据任务实施情况,对完成的工作量进行检查统计(表5-15)。

任务实施完成情况表　　　　　　　　　　　　表5-15

| 序号 | 作业分类 | 作业内容 | 完成结果 |
|---|---|---|---|
| 1 | 作业条件确认 | 状态确认 | □是　□否 |
| 2 | 司机室驾驶台拆卸 | 面板、广播控制盒拆卸 | □是　□否 |
| 3 | 司机室驾驶台清洁 | 面板、广播控制盒清洁 | □是　□否 |
| 4 | 司机室驾驶台检查 | 面板、广播控制盒检查 | □是　□否 |
| 5 | 司机室驾驶台安装 | 面板、广播控制盒安装 | □是　□否 |
| 6 | 司机室驾驶台试验 | 有电功能试验 | □是　□否 |

存在问题:

整改意见:

确认签字:　　　年　月　日

(2)根据任务实施情况,小组人员进行自我评价,指导老师对作业人员表现进行综合评价。

①作业人员评价:_____

②互控人员评价:_____

③指导老师评价:_____

**一、填空题**

(1)司机室驾驶台安装在_____车上,供司机驾驶列车使用。

(2)开关车门试验过程中,需规范提醒客室,严防_____。

(3)司机室驾驶台试验在_____模式下进行,完成检查后将模式转换为_____。

(4)拆卸广播控制盒、按钮板、指示灯板_____螺栓。

(5)司机室驾驶台清洁的要求为表面无灰尘、污垢,_____清晰可见。

**二、简答题**

(1)简述司机室驾驶台的功能。

(2)简述司机室驾驶台作业前需要的作业条件。

(3)简述司机室驾驶台的清洁部件。

(4)简述司机室驾驶台按钮检查的内容及关键点。

(5)简述司机室驾驶台功能试验的内容。

# 任务二　中低压设备柜和底架电气箱检修

某地铁公司检修车间定修班班长,当日收到检修调度派发的 0326 电客车年检生产任务后,班长将中低压设备柜和底架电气箱年检生产任务派发给班组×××员工,×××收到任务后进行作业前准备工作。

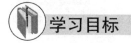

1. 知识目标

◆能口述中低压设备柜和底架电气箱功能及检修重点;

※能口述中低压设备柜和底架电气箱测试作业方法及标准。

2. 技能目标

※能在实训现场或利用情景演示,口述或手动完成中低压设备柜和底架电气箱检修作业;

◆能发现他人在执行中低压设备柜和底架电气箱检修流程中存在的问题。

注:※学习难点;◆学习重点。

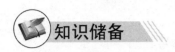

## 一、中低压设备柜和底架电气箱定义及组成

1. 定义

中低压设备柜和底架电气箱主要是指安装在车内及车下保护电器及设备的柜体。

2. 组成

(1)客室电气控制柜。

客室电气控制柜(图5-3)在动车的一位端、一位侧和拖车二位端、一位侧。此控制柜可实现本车的电气控制,主要包括客室控制用断路器、继电器和接线端子排。

(2)空调控制柜。

空调控制柜(图5-4)在动车的一位端、二位侧和拖车二位端、二位侧。此控制柜与客室内的空调装置一起为司机与乘客提供空调控制。空调控制柜控制单元由PLC主机单元、温度扩展模块、信息显示操作屏组成。

PLC是可编程逻辑控制器的缩写,对整个空调机组进行自动控制,实时检测运行过程中的参数,对出现的故障自动处理,通过显示操作屏实现人机对话,响应显示操作屏输入的命令、参数,将故障信息、运行状态通过显示操作屏显示等。

显示操作屏是一种微型可编程终端,采用全中文液晶显示,具有字符类型和图像类型显示,由通信接口和PLC的外设接口进行通信,主要功能是控制空调机组的运行工况,显示运行工况参数,以及实时显示各功能的运行状态及故障现象。

(3)司机室继电器柜。

司机室继电器柜(图5-5)在拖车的一位端、一位侧。此控制柜可实现司机室的逻辑控制,主要包括控制用继电器、接线端子排。

(4)辅助搭铁开关箱。

辅助搭铁开关箱(图5-6)内部有大量刀闸开关,每个刀闸开关控制一类系统的搭铁,通过打开或闭合刀闸开关控制电源回路的通断。

图 5-3 客室电气控制柜

图 5-4 空调控制柜

图 5-5 司机室继电器柜

图 5-6 辅助搭铁开关箱

## 二、中低压设备柜和底架电气箱功能

中低压设备柜和底架电气箱将一个系统内的电器及设备统一、规范、整齐地排列安装在柜体、箱体内部。构成了电源—柜体、箱体—负载,可以有效地进行集中检修以及故障查找,并且保护了电器以及设备。

## 工艺准备

### 一、客室电气控制柜检修

**注**：(1) 电客车在无电条件下进行检修。
　　 (2) 完成检修注意合上柜门。
客室电气控制柜检修内容及要求见表5-16。

客室电气控制柜检修　　　　　　　　　表5-16

| 序号 | 检修内容及要求 | 图示 |
|---|---|---|
| 1 | 使用酒精清洁客室电气控制柜内所有断路器、接触器、继电器、端子排、导线及柜体，要求表面无灰尘、污垢 | |
| 2 | 使用螺丝刀校验式拧紧所有接线处螺栓，检查断路器及接触器，要求安装牢固、动作灵活无卡滞，接线牢固、无裸露端子。检查继电器，要求外观完好、无破损烧蚀迹象，外部针脚完整明亮无烧蚀，内部触点完好、无烧黑无缺失，继电器底座完好、卡扣完好，安装紧固。检查导线，要求压接牢固、线号清晰，绝缘层无破损、老化。检查端子排及线槽，要求安装牢固、无损伤，端子排走线整齐 | |

### 二、空调控制柜检修

**注**：(1) 电客车在无电条件下进行检修。
　　 (2) 完成检修注意合上柜门。
空调控制柜检修内容及要求见表5-17。

**空调控制柜检修内容及要求**　　　　　表 5-17

| 序号 | 检修内容及要求 | 图示 |
|---|---|---|
| 1 | 使用酒精清洁空调控制柜内所有断路器、接触器、继电器、端子排、导线、PLC、触摸屏及柜体,要求表面无灰尘、污垢 | |
| 2 | 使用螺丝刀校验式拧紧所有接线处螺栓,检查断路器及接触器,要求安装牢固、动作灵活无卡滞,接线牢固、无裸露端子。检查继电器,要求外观完好、无破损烧蚀迹象,外部针脚完整明亮无烧蚀,内部触点完好、无烧黑无缺失,继电器底座完好、卡扣完好,安装紧固。检查 PLC 及触摸屏,要求插头、插座安装牢固,无退针缩针、无腐蚀变色,触摸屏安装紧固、外观良好。检查导线,要求压接牢固、线号清晰,绝缘层无破损、老化。检查端子排及线槽,要求安装牢固、无损伤,端子排走线整齐 | |

## 三、司机室继电器柜检修

注:(1)电客车在无电条件下进行检修。
　　(2)完成检修注意合上柜门。
司机室继电器柜检修内容及要求见表5-18。

**司机室继电器柜检修内容及要求**　　　　　表 5-18

| 序号 | 检修内容及要求 | 图示 |
|---|---|---|
| 1 | 使用酒精清洁司机室继电器柜内所有继电器、端子排、导线及柜体,要求表面无灰尘、污垢 | |

续上表

| 序号 | 检修内容及要求 | 图示 |
|---|---|---|
| 2 | 使用螺丝刀对所有继电器接线进行校验式拧紧,检查继电器,要求外观完好、无破损烧蚀迹象,外部针脚完整明亮无烧蚀,内部触点完好、无烧黑无缺失,继电器底座完好、卡扣完好,安装紧固。检查导线,要求压接牢固、线号清晰,绝缘层无破损、老化。检查端子排及线槽,要求安装牢固、无损伤,端子排走线整齐 | |

## 四、辅助搭铁开关箱检修

**注**:(1)电客车在无电条件下进行检修。

(2)完成检修注意合上箱门。

辅助搭铁开关箱检修内容及要求见表5-19。

辅助搭铁开关箱检修内容及要求　　　　表5-19

| 序号 | 检修内容及要求 | 图示 |
|---|---|---|
| 1 | 使用酒精清洁箱体、刀闸、导线,要求无灰尘、污垢 | |
| 2 | 检查箱体,要求无变形、裂纹、破损,箱体涂层良好,密封胶条无破损,箱盖动作灵活、锁闭状态正常。检查刀闸等导电部位,要求无电蚀、变色。检查导线,要求压接牢固、线号清晰,绝缘层无破损、老化 | |

## 五、中低压设备柜和底架电气箱测试

**注**:司机室驾驶台功能试验在 NRM 模式下进行,完成试验后将模式转换为 NORM 模式。

中低压设备柜和底架电气箱测试内容及要求见表 5-20。

中低压设备柜和底架电气箱测试内容及要求　　　　　表 5-20

| 序号 | 测试内容及要求 | 图示 |
| --- | --- | --- |
| 1 | 空调功能测试。启动空调通风、50%制冷、100%制冷三种模式,观察常规总体屏空调通风机、冷凝风机、压缩机工作状态正常,并在启动各模式 5min 后查看空调控制柜内触摸屏显示状态有无异常 | |
| 2 | 电气柜功能测试。在司机室驾驶台上启动客室照明、电暖系统、空调系统,检查客室内幅流风机正常启动,耳听有无异响,手摸座椅确认电暖正常工作,客室照明良好,客室所有灯具亮度基本一致 | |
| 3 | 司机室继电器柜测试。完成司机室驾驶台有电功能测试(见项目五任务一),要求所有功能均正常、ATI 无异常故障显示 | |
| 4 | 辅助搭铁开关箱测试。巡视列车一周,要求无异常情况发生、列车无故障显示、各系统均正常工作 | |

## 信息收集

我们的任务是:_____

_____

为了顺利完成本任务,请完成以下信息收集(表5-21)。

信息收集　　　　　　　　　　　　　　　　表5-21

| 序号 | 信息类别 | 相关要求 | 是否完成 | |
|---|---|---|---|---|
| 1 | 作业条件 | 电客车断电已超3min | □是 | □否 |
| | | 高压刀闸打至搭铁位 | □是 | □否 |
| | | 蓄电池主电路及控制电路断路器已断开 | □是 | □否 |
| 2 | 人员要求 | 穿戴劳保鞋、安全帽 | □是 | □否 |
| | | 穿戴防护服、防护手套 | □是 | □否 |
| 3 | 注意事项 | 箱柜内所有部件及线路均需逐个多次检查 | □是 | □否 |
| | | 断路器及刀闸检查完成后,需恢复至初始位置 | □是 | □否 |
| | | 接线端子紧固状态采用螺丝刀进行检查 | □是 | □否 |
| | | 作业后出清现场物料 | □是 | □否 |
| 4 | 作业关键点 | 客室电气控制柜检修符合要求 | □是 | □否 |
| | | 空调控制柜检修符合要求 | □是 | □否 |
| | | 司机室继电器柜检修符合要求 | □是 | □否 |
| | | 辅助搭铁开关箱检修符合要求 | □是 | □否 |
| | | 测试完及时恢复设备状态 | □是 | □否 |

情况说明:

确认签字:　　　年　月　日

## 制订计划

(1)根据检修任务要求制订检修计划,并描述作业关键点(表5-22)。

检修计划　　　　　　　　　　　　　　　　表5-22

| 序号 | 作业流程 | 作业关键点 |
|---|---|---|
| 1 | 客室电气控制柜检修 | |
| 2 | 空调控制柜检修 | |
| 3 | 司机室继电器柜检修 | |
| 4 | 辅助搭铁开关箱检修 | |
| 5 | 中低压设备柜和底架电气箱测试 | |

续上表

| 审核意见： | | |
|---|---|---|
| | 确认签字： | 年 月 日 |

(2)根据检修计划做好作业前的准备工作(表5-23)。

检测设备、工器具、物料、劳保用品　　　　　表5-23

| 序号 | 名称 | 数量 | 清点 |
|---|---|---|---|
| 1 | 手套 | 4只 | □已清点 |
| 2 | 75%酒精 | 1瓶 | □已清点 |
| 3 | 抹布 | 0.5m | □已清点 |
| 4 | 精密电子清洁剂 | 1个 | □已清点 |
| 5 | 红、黑划线笔 | 各1支 | □已清点 |
| 6 | 方孔钥匙 | 1个 | □已清点 |
| 7 | 一字螺丝刀 | 1个 | □已清点 |
| 8 | 十字螺丝刀 | 1个 | □已清点 |
| 9 | 手电筒 | 1个 | □已清点 |
| 情况说明： | | | |
| | | 确认签字： | 年 月 日 |

(3)根据检修计划,完成小组分工及作业安全预想(表5-24)。

小组分工　　　　　表5-24

| 作业人 | | 互控人 | |
|---|---|---|---|
| 作业安全预想 | | | |
| 作业前 | | | |
| 作业中 | | | |
| 作业后 | | | |

## 任务实施

### 一、作业条件确认（表5-25）

作业条件确认　　　　　　　　　　表5-25

| 图示 | 条件要求 | 实施情况 |
|---|---|---|
|  | 电客车断电已超3min | □是　□否 |
|  | 高压刀闸打至搭铁位 | □是　□否 |
|  | 蓄电池主电路及控制电路断路器已断开 | □是　□否 |

## 二、中低压设备柜和底架电气箱检修(表5-26)

任务实施　　　　　　　　　　　　　　　　　　　　表5-26

| 序号 | 内容 | 图示 | 检修要求 | 实施情况 |
|---|---|---|---|---|
| 1 | 客室电气控制柜检修 | | 抹布蘸取酒精 | □是 □否 |
| | | | 清洁客室电气控制柜内所有断路器、接触器、继电器、端子排、导线及柜体 | □是 □否 |
| | | | 表面无灰尘、污垢 | □是 □否 |
| | | | 断路器及接触器状态良好 | □是 □否 |
| | | | 继电器状态良好 | □是 □否 |
| | | | 导线、端子排及线槽状态良好 | □是 □否 |

续上表

| 序号 | 内容 | 图示 | 检修要求 | 实施情况 |
|---|---|---|---|---|
| 2 | 空调控制柜检修 | | 抹布蘸取酒精 | □是 □否 |
| | |  | 清洁空调控制柜内所有断路器、接触器、继电器、端子排、导线、PLC、触摸屏及柜体 | □是 □否 |
| | | | 表面无灰尘、污垢 | □是 □否 |
| | |  | 断路器及接触器状态良好 | □是 □否 |
| | |  | 继电器状态良好 | □是 □否 |
| | | | PLC及触摸屏状态良好 | □是 □否 |
| | | | 导线、端子排及线槽状态良好 | □是 □否 |

续上表

| 序号 | 内容 | 图示 | 检修要求 | 实施情况 |
|---|---|---|---|---|
| 3 | 司机室继电器柜检修 | 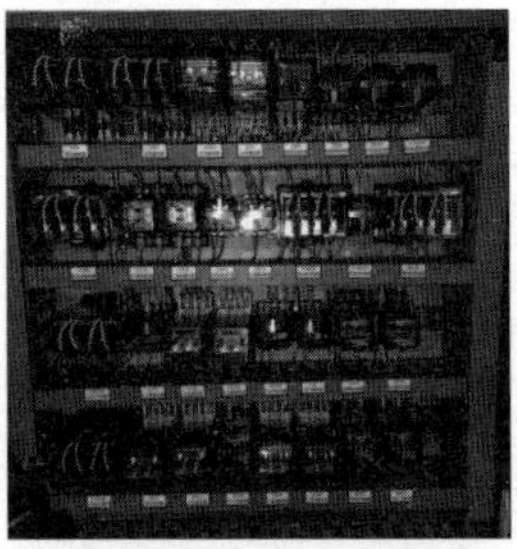  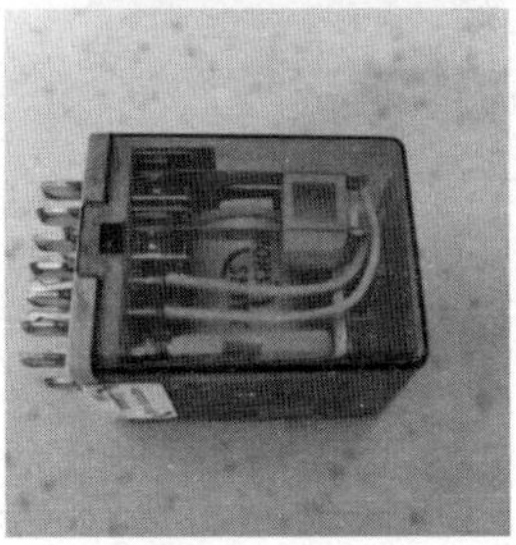 | 抹布蘸取酒精 | □是 □否 |
| | | | 清洁司机室继电器柜内所有继电器、端子排、导线及柜体 | □是 □否 |
| | | | 表面无灰尘、污垢 | □是 □否 |
| | | | 继电器状态良好 | □是 □否 |
| | | | 导线、端子排及线槽状态良好 | □是 □否 |
| | | | 检查端子排及线槽,安装牢固、无损伤,端子排走线整齐 | □是 □否 |

续上表

| 序号 | 内容 | 图示 | 检修要求 | 实施情况 |
|---|---|---|---|---|
| 4 | 辅助搭铁开关箱检修 | | 抹布蘸取酒精 | □是 □否 |
| | | | 清洁箱体、刀闸、导线 | □是 □否 |
| | | | 表面无灰尘、污垢 | □是 □否 |
| | | | 箱体状态良好 | □是 □否 |
| | | | 刀闸状态良好 | □是 □否 |
| | | | 导线状态良好 | □是 □否 |

## 三、中低压设备柜和底架电气箱测试（表5-27）

任务实施　　　　　　　　　　　　　　　　　　　　表5-27

| 图示 | 清洁要求 | 实施情况 |
|---|---|---|
| | 空调系统良好 | □是 □否 |
| | 客室电气系统良好 | □是 □否 |
| | 司机室设备良好 | □是 □否 |
| | 各系统无异常 | □是 □否 |

## 检查控制

根据中低压设备柜和底架电气箱检修计划及实施情况,指导老师对作业质量进行检查和评价(表5-28)。

**任务学习情况检查评价表**　　　　　　　　　　　　　　表5-28

| 序号 | 检查内容 | 检查结果 |
|---|---|---|
| 1 | 客室电气控制柜检修符合要求 | □是　□否 |
| 2 | 空调控制柜检修符合要求 | □是　□否 |
| 3 | 司机室继电器柜检修符合要求 | □是　□否 |
| 4 | 辅助搭铁开关箱检修符合要求 | □是　□否 |
| 5 | 中低压设备柜和底架电气箱测试符合要求 | □是　□否 |
| 存在问题: | | |
| 整改意见: | | |
| | 确认签字:　　　　年　月　日 | |

## 评价反馈

(1)指导老师根据任务实施情况,对完成的工作量进行检查统计(表5-29)。

**任务实施完成情况表**　　　　　　　　　　　　　　　表5-29

| 序号 | 作业分类 | 作业内容 | 完成结果 |
|---|---|---|---|
| 1 | 作业条件确认 | 状态确认 | □是　□否 |
| 2 | 客室电气控制柜检修 | 所有部件清洁检查 | □是　□否 |
| 3 | 空调控制柜检修 | 所有部件清洁检查 | □是　□否 |
| 4 | 司机室继电器柜检修 | 所有部件清洁检查 | □是　□否 |
| 5 | 辅助搭铁开关箱检修 | 箱体、刀闸、导线清洁检查 | □是　□否 |

续上表

| 序号 | 作业分类 | 作业内容 | 完成结果 |
|---|---|---|---|
| 6 | 中低压设备柜和底架电气箱测试 | 各系统运行状态检查 | □是　□否 |

存在问题：

整改意见：

确认签字：　　　　年　月　日

(2)根据任务实施情况，小组人员进行自我评价，指导老师对作业人员表现进行综合评价。

①作业人员评价：_____

_____

②互控人员评价：_____

_____

③指导老师评价：_____

_____

### 知识巩固

一、填空题

(1)客室电气控制柜安装在动车的一位端、一位侧和拖车_____位端、_____位侧。

(2)空调控制柜控制单元由_____、温度扩展模块、信息显示操作屏组成。

(3)辅助搭铁开关箱内部有大量刀闸开关，每个刀闸开关控制一类系统的_____。

(4)断路器及刀闸检查完成后，需恢复至_____。

(5)中低压设备柜和底架电气箱检修作业开始前,需确认电客车断电已超_____。

二、简答题

(1)简述中低压设备柜和底架电气箱的功能。

(2)简述导线检查要点。

(3)简述断路器及接触器检查要点。

(4)简述继电器检查要点。

(5)简述中低压设备柜和底架电气箱测试要点。

# 任务三　客室侧门检修

任务导入

某地铁公司架修车间车门班班长,本周收到架修调度派发的0115车电客车车门系统架修生产任务后,班长将电客车客室侧门架修生产任务派发给班组×××员工,×××收到任务后进行作业前准备工作。

学习目标

1. 知识目标

◆能口述客室侧门定义和组成部分;

※能口述客室侧门测试作业方法及标准。

2. 技能目标

※能在实训现场或利用情景演示,口述或手动完成客室侧门检修作业;

◆能发现他人在执行客室侧门检修流程中存在的问题。

注:※学习难点;◆学习重点。

知识储备

一、客室侧门定义及结构组成

1. 客室侧门定义

客室侧门一般指电客车车厢两侧的车门,主要为乘客提供上下车的便利。目前轨道交通行业制造车门系统的厂家主要有北京博得、南京康尼等，车门的控制形式有电控电动、电控气动，门板收纳形式主要有内藏门、外挂门、塞拉门等，本任务就以北京博得电控电动内藏门式客室侧门为例进行介绍。

2. 客室侧门结构组成

客室侧门采用每辆车每侧4套双扇电控电动内藏式拉门，主要组成包含门板、门驱机构两大部分，其中门板主要由门板主体、玻璃、胶条、密封条、下导轨组成，门驱机构主要由底板、门控器、端子排、电磁铁、中央锁钩、行程开关、齿带等部件组成。门板结构可参考图5-7、门驱结构可参考图5-8。

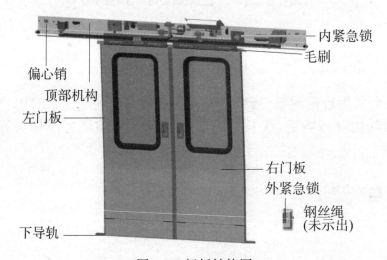

图5-7 门板结构图

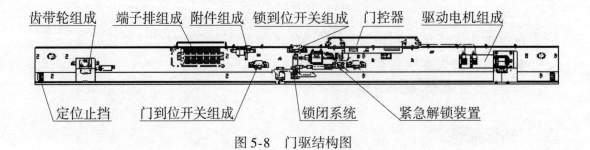

图5-8 门驱结构图

## 二、客室侧门主要技术参数

客室侧门主要技术参数见表5-30。

客室侧门相关技术参数　　　　表 5-30

| 序号 | 名称 | 技术标准 |
|---|---|---|
| 1 | 车门数量 | 每辆车每侧 4 套门扇 |
| 2 | 净开宽度 | 1300～1304mm |
| 3 | 净开高度 | 1800～1810mm |
| 4 | 供电电压 | DC 110V，波动范围：DC 77V～DC 121V |
| 5 | 开门时间 | 3s±0.5s |
| 6 | 关门时间 | 3s±0.5s |
| 7 | 开、关门延时时间 | 0～3.0s 可调 |
| 8 | 车门关紧力 | ≤150N |
| 9 | 探测最小障碍物 | 25×60mm（宽×高） |
| 10 | 开关门噪声级别 | ≤68dB(A) |
| 11 | 车门结构 | 对开滑移内藏式 |
| 12 | 车门控制方式 | 全列车门的开/闭集中控制 |
| 13 | 车门控制电压 | DC 110V |
| 14 | 车门电动机额定电压 | DC 60V |

## 三、客室侧门工作原理

客室侧门在满足开门的条件下，主令电器发出开关门指令给门控器，门控器发出控制指令，从而车门电动机旋转，旋转通过锥齿轮减速器变向及减速，然后通过齿带轮和齿带转化为直线运动。齿带在做直线运动的过程中，带动左右两个吊板部件在底板的上导轨中做方向相反而且同步的运动，进而将运动传递给门扇，使其在门框范围内做客户所需要的运动。

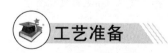
工艺准备

## 一、门板检修

**注：**(1) 由于门板过重，在门板拆装时必须两人一同抬起。

(2)门板胶条更换时必须喷涂橡胶保护剂,以免穿入时对橡胶造成划伤或者损坏。

门板检修内容及要求见表5-31。

门板检修内容及要求　　　　　　　　　表5-31

| 序号 | 检修内容及要求 | 图示 |
| --- | --- | --- |
| 1 | 门板拆卸:<br>(1)拆卸前在门板边角标记门板位置,便于安装时参考;打开车门盖板,拆卸门驱机构吊板上齿带夹H4固定座螺栓;手动拉动门板,确认两扇车门分离运动。<br>(2)两人配合松动门板T形螺栓上的M8六角螺母;取下吊板和门板之间的U形垫片,用扳手塞进门吊板,撬出门板。<br>(3)待门板从吊板卡槽脱出,两人从两侧抓住门板左右晃动;确认门板彻底从吊板脱离后,两人从左右侧抬出门板 | 门驱机构　尺带夹<br>门板吊挂T形螺栓　门板拆卸 |
| 2 | 门板检修:<br>(1)清洁、检查门板表面状态,要求门板表面无超过150mm的划伤,单个磕碰、凹陷面积不超过50mm×50mm、深度不超过1mm,无脱落、无掉漆、无锈蚀等缺陷,如有脱落则进行补漆。<br>(2)检查门板外侧装饰膜,要求完整无破损,内侧车门编号正确完整无破损、卷边现象,如有影响视读的现象,则进行更换。<br>(3)更换门板密封胶条,拆卸门胶条两端十字固定螺栓,两人推出胶条,胶条安装牢固,胶条表面喷涂橡塑胶保养喷剂;防磨导轨安装紧固,无变形,壁厚小于2mm时更换新件;测量下导轨与门板导槽之间间隙,要求在8~10mm范围内 | 下导轨磨耗量测量　门胶条固定螺栓 |

续上表

| 序号 | 检修内容及要求 | 图示 |
|---|---|---|
| 3 | 门板安装：<br>(1)门板安装。按拆卸反顺序安装门板，确保与拆卸标记线对齐。<br>(2)在门板和吊板之间塞入原有的U形垫片；适当带紧门板固定的M8六角螺母（螺栓螺纹处涂抹一圈乐泰243螺纹紧固胶），进行左右门板调整。<br>(3)门板调整。门板调整要求左右平齐，门板上部与下部间隙之差满足标准≤5mm，门缝最大处不超过7mm（测量位置为距离门板上部和下部边缘200mm处）。确认门板调整到位后，左右交叉对称式紧固门板M8固定螺栓，以力矩23N·m划防松线 | 门板吊挂T形螺栓 / 尺带夹 / 间隙8~10mm / 门板V形测量 |

## 二、门控器检修

**注**：(1)门控器检修时必须佩戴防静电手环。

(2)门控器吹尘时，禁止用强力风源吹尘，以免吹坏元件。

门控器检修内容及要求见表5-32。

**门控器检修内容及要求**　　　　　　　　　表5-32

| 序号 | 检修内容及要求 | 图示 |
|---|---|---|
| 1 | 门控器拆卸：<br>(1)拆卸门控器两侧VGO插头及门控器RS485通信插头，分离插头用美纹纸进行防护。<br>(2)拆卸门控器搭铁线固定十字螺栓，分离搭铁线；拆卸门控器固定十字螺栓，取下门控器 | 门控器 / 连接插头 / 搭铁 |

续上表

| 序号 | 检修内容及要求 | 图示 |
|---|---|---|
| 2 | 门控器检修:拆卸门控器外盖板十字螺栓,打开盖板;戴上静电手环,用压缩空气清洁板卡表面;检查板卡上各元件外观,要求无变色、松动等异常 | 控制器板外观　门控器盖板 |

## 三、尺带检修

**注:**(1) 尺带压接时注意,齿带与左侧齿带轮和右侧电动机齿带轮连挂,齿带接口处固定在右门吊板上的调整齿带夹上,左右对中压接、各压四齿。

(2) 齿带张力测量仪距离齿带 1~20mm,测量仪探头轴向与齿带外侧面平行,与齿带长度方向垂直,不得倾斜,测量仪探头光环不得超过齿带宽度,测量位置位于距离从动齿带轮右边、固定齿带夹左边各 100mm 区域。

尺带检修内容及要求见表 5-33。

**尺带检修内容及要求**　　　　　　　　　　　　表 5-33

| 序号 | 检修内容及要求 | 图示 |
|---|---|---|
| 1 | 尺带拆卸:<br>(1) 用开口扳手拧松齿带张紧力右侧 M8 螺母,拧松 M8 螺栓,释放齿带张力。<br>(2) 拆卸左门板齿带夹 H4 固定螺栓,拆卸右门板齿带夹 H5 固定螺栓,分离尺带后从齿带轮中抽出尺带 | 左门板尺带夹　右门板尺带夹 |
| 2 | 尺带检修:检查齿带内外有无断层、扭曲、变形,齿带寿命值一般 10 年,期间状态良好则无须更新 | |

续上表

| 序号 | 检修内容及要求 | 图示 |
|---|---|---|
| 3 | 尺带安装：<br>（1）用13mm棘开两用扳手松动从动齿带轮张紧杆的锁紧螺母1型六角螺母M8，松动张紧杆，然后用H5套筒配合棘轮扳手松动上下从动齿轮轴的内六角圆柱头螺钉，使从动齿带轮可以向右调整到使齿带能够顺利装入的位置（具体根据实际情况调整）；将尺带压入尺带夹，用H4内六角配合棘轮紧固调整齿带夹的4个安装螺栓内六角圆柱头螺钉M5×25，更新调整齿带夹标准型弹簧垫圈，固定齿带夹标准型弹簧垫圈，每个螺栓涂适量乐泰243螺纹紧固胶并紧固。<br>（2）用13mm棘开两用扳手调整从动齿带轮张紧杆，将齿带轮向左端（齿带轮与电动机齿带轮的距离增大）调整齿带轮，使齿带张紧，用齿带张紧力测试仪测量齿带张紧力是否符合47～53Hz标准；确认张紧符合要求，紧固张紧M8螺母 | 右齿带轮　左门板尺带夹<br>左齿带轮　右门板尺带夹<br>尺带张紧力调整装置 |

## 四、客室侧门测试

**注**：（1）开关期间不要靠近车门，防止跌落。

（2）千次试验测试必须有人监控，以免出现故障。

客室侧门测试内容及要求见表5-34。

**客室侧门测试内容及要求**　　　　　表5-34

| 序号 | 测试内容及要求 | 图示 |
|---|---|---|
| 1 | 紧急解锁功能：测试紧急解锁功能，ATI（列车网络系统显示器）对应车门显示为蓝色；内外紧急解锁动作后可以保持，蜂鸣器报警，紧急解锁后客室内部罩板上的开关门指示灯（黄色）亮起 | 复位　解锁 |

续上表

| 序号 | 测试内容及要求 | 图示 |
|---|---|---|
| 2 | 隔离锁功能检查：测试隔离锁功能，用方孔钥匙操作隔离锁，ATI 对应车门显示为白色。隔离锁锁闭后车门无法打开，隔离锁动作过程中无卡滞，隔离后客室内部罩板上的隔离指示灯(红色)亮起 | |
| 3 | 集控开关门功能检查：操作集控开关车门，车门能正常打开，动作灵活无卡滞、无异响，关门二次缓冲和报警声正常；电动机运转良好，无异响；开、关门动作与 ATI 和侧墙灯显示状态一致，开、关门过程中车门各部件动作状态正常 | |
| 4 | 防夹功能及再开闭功能检查：用 25mm×60mm 的木块在车门门缝上、中、下三个位置分别进行障碍物检测试验，各门可正常进行三次防夹，ATI 显示该门红色，并报"三次检测障碍物"故障，防夹结束后使用"再开闭"开关关门，各门能够正常关闭，ATI 显示门关好 | |
| 5 | 连续开关门测试：进行连续开关门试验 1000 次，试验期间不出现任何车门故障，如有故障及时进行故障处理 | |

**信息收集**

我们的任务是：

为了顺利完成本任务,请完成以下信息收集(表 5-35)。

信息收集　　　　　　　　　　　　　　　　　表 5-35

| 序号 | 信息类别 | 相关要求 | 是否完成 |
|---|---|---|---|
| 1 | 作业条件 | 车门系统已断电 | □是　□否 |
| | | 电客车禁动牌已设置 | □是　□否 |
| 2 | 人员要求 | 穿戴劳保鞋、安全帽 | □是　□否 |
| | | 穿戴防护服、防护手套 | □是　□否 |
| 3 | 注意事项 | 客室车门检修前确保门控系统已断电 | □是　□否 |
| | | 门板拆装必须两人操作,防止砸伤 | □是　□否 |
| | | 门板安装后需按要求调整 V 形 | □是　□否 |
| | | 齿带安装需满足张紧力要求 | □是　□否 |
| | | 车门机械调整完毕后需进行有电功能调试 | □是　□否 |
| 4 | 作业关键点 | 门板检查符合要求 | □是　□否 |
| | | 门板胶条检修符合要求 | □是　□否 |
| | | 门板安装调整符合尺寸要求 | □是　□否 |
| | | 门控器检修符合要求 | □是　□否 |
| | | 齿带安装确保齿面咬合到位 | □是　□否 |
| | | 齿带张紧力符合要求 | □是　□否 |
| | | 车门集中开关符合要求 | □是　□否 |
| | | 三次防夹功能符合要求 | □是　□否 |
| | | 解锁及隔离装置功能符合要求 | □是　□否 |
| | | 紧固件安装涂抹乐泰243 螺纹紧固胶,力矩符合标准 | □是　□否 |

情况说明:

确认签字:　　　　年　月　日

制订计划

(1)根据检修任务要求制订检修计划,并描述作业关键点(表5-36)。

检修计划  表5-36

| 序号 | 作业流程 | 作业关键点 |
|---|---|---|
| 1 | 门板检修 | |
| 2 | 门控器检修 | |
| 3 | 齿带检修 | |
| 4 | 客室车门测试 | |

审核意见：

确认签字：　　　年　月　日

(2)根据检修计划做好作业前的准备工作(表5-37)。

检测设备、工器具、物料、劳保用品  表5-37

| 序号 | 名称 | 数量 | 清点 |
|---|---|---|---|
| 1 | 13mm 棘开扳手、套筒 | 各1个 | □已清点 |
| 2 | 扭力扳手0~50N·m | 1把 | □已清点 |
| 3 | 内六角 | 1套 | □已清点 |
| 4 | 张紧力测试仪 | 1个 | □已清点 |
| 5 | 防静电手环 | 1个 | □已清点 |
| 6 | 三次防夹测试块 | 1个 | □已清点 |
| 7 | 75%酒精 | 1瓶 | □已清点 |
| 8 | 抹布 | 1m | □已清点 |
| 9 | 乐泰243螺纹紧固胶 | 10g | □已清点 |
| 10 | 毛刷 | 1把 | □已清点 |
| 11 | 红、黑划线笔 | 各1支 | □已清点 |
| 12 | 橡胶保护剂 | 1罐 | □已清点 |
| 13 | 压缩空气 | 1罐 | □已清点 |

情况说明：

确认签字：　　　年　月　日

(3)根据检修计划,完成小组分工及作业安全预想(表5-38)。

## 项目五 城市轨道交通车辆其他电气设备检修

小组分工　　　　　　　　　　　　　　　　　　　　表 5-38

| 作业人 | | 互控人 | |
|---|---|---|---|
| 作业安全预想 ||||
| 作业前 ||||
| 作业中 ||||
| 作业后 ||||

### 任务实施

## 一、作业条件确认（表 5-39）

作业条件确认　　　　　　　　　　　　　　　　　　表 5-39

| 图示 | 条件要求 | 实施情况 |
|---|---|---|
|  | 车门控制电源已断开 | □是　□否 |
|  | 电客车禁动牌已设置 | □是　□否 |

## 二、客室侧门检修(表5-40)

客室侧门检修任务实施　　　　　　　表5-40

| 序号 | 内容 | 图示 | 检修要求 | 实施情况 |
|---|---|---|---|---|
| 1 | 门板检修 | 客室门板／门驱机构／门板拆卸1／门板拆卸2 | 拆卸前在门板边角标记门板位置,便于安装时参考 | □是　□否 |
| | | | 打开车门盖板,拆卸尺带夹 | □是　□否 |
| | | | 拆卸门板固定螺栓,两人抬出门板 | □是　□否 |
| | | | 抹布蘸酒精清洁门板,胶条用清水清洁 | □是　□否 |
| | | | 检查门板,要求无剐蹭、变形,测量下导轨磨耗量 | □是　□否 |
| | | | 更换门板密封胶条,喷涂橡胶保护剂 | □是　□否 |
| | | | 安装门板,调整门板V形及门板间隙。测量下导轨间隙,应符合要求 | □是　□否 |
| | | | 确认门板调整到位后,左右交叉对称式紧固门板M8固定螺栓,以力矩23N·m划防松线 | □是　□否 |
| 2 | 门控器检修 | 门控器 | 拆卸门控器,防护门控器插头及接口 | □是　□否 |
| | | | 用酒精清洁门控器外表面后,打开门控器盖板 | □是　□否 |

续上表

| 序号 | 内容 | 图示 | 检修要求 | 实施情况 |
|---|---|---|---|---|
| 2 | 门控器检修 | 门控器盖板 / 控制器板外观 | 检查门控器板卡元器件表面,要求无变色、发黑等异常现象 | □是 □否 |
| | | | 检修完毕,按反顺序进行安装,螺栓拧紧无力矩要求,划防松线 | □是 □否 |
| 3 | 齿带检修 | 尺带结构图（驱动电机组成、齿带轮组成、齿带）/ 左门板尺带夹 / 右门板尺带夹 / 右齿带轮 | 用开口扳手拧松齿带张紧力右侧 M8 螺母,拧松 M8 螺栓,释放齿带张力 | □是 □否 |
| | | | 拆卸左、右门板齿带夹 H4 固定螺栓,抽出尺带 | □是 □否 |
| | | | 检查齿带内外有无断层、扭曲、变形 | □是 □否 |
| | | | 齿带安装,放松张紧力 M8 螺母,将齿带穿入左侧齿带夹,然后绕至左右齿带轮 | □是 □否 |
| | | | 将齿带两头分别四齿压装在右门板齿带夹进行固定,H5 螺栓涂抹乐泰243螺纹紧固胶,进行紧固 | □是 □否 |
| | | | 拧紧张紧力 M8 调整螺栓,边紧边侧齿带张紧力,张紧力要求在 47~53Hz | □是 □否 |
| | | | 确认张紧力符合要求,紧固张紧力 M8 螺母 | □是 □否 |
| | | | 紧固左门板 H4 固定螺栓,手动开关车门,确认齿带运动正常,并处在齿带轮中部 | □是 □否 |

## 三、客室侧门测试(表5-41)

**客室侧门测试任务实施**　　　　　表5-41

| 图示 | 测试要求 | 实施情况 |
|---|---|---|
| (司机台开关门按钮／侧墙开关门按钮／夹紧力测试) | 分别从司机台、侧墙进行集控开关车门,动作及指示灯状态反馈正常 | □是　□否 |
| | 测量车门净开度,要求满足1295mm≤净开度≤1310mm。测试车门1000次连续开关,要求期间无异常 | □是　□否 |
| | 测试车门三次防夹功能,测试符合要求 | □是　□否 |
| | 测试车门内外紧急解锁功能,测试符合要求 | □是　□否 |
| | 测试车门隔离功能,动作及信号反馈正常 | □是　□否 |

### 🍀 检查控制

根据客室侧门检修计划及实施情况,指导老师对作业质量进行检查和评价(表5-42)。

**任务学习情况检查评价表**　　　　　表5-42

| 序号 | 检查内容 | 检查结果 |
|---|---|---|
| 1 | 门板检查符合要求 | □是　□否 |
| 2 | 门板胶条检修符合要求 | □是　□否 |
| 3 | 门板安装调整符合尺寸要求 | □是　□否 |

续上表

| 序号 | 检查内容 | 检查结果 |
|---|---|---|
| 4 | 门控器检修符合要求 | □是 □否 |
| 5 | 齿带安装确保齿面咬合到位 | □是 □否 |
| 6 | 齿带张紧力符合要求 | □是 □否 |
| 7 | 车门集中开关符合要求 | □是 □否 |
| 8 | 三次防夹功能符合要求 | □是 □否 |
| 9 | 解锁及隔离装置功能符合要求 | □是 □否 |
| 10 | 紧固件安装涂抹乐泰243螺纹紧固胶,力矩符合标准 | □是 □否 |

存在问题:

整改意见:

确认签字:　　　　　年　月　日

## 评价反馈

(1)指导老师根据任务实施情况,对完成的工作量进行检查统计(表5-43)。

**任务实施情况表**　　　　　　　　　　　　　　　　　　表5-43

| 序号 | 作业分类 | 作业内容 | 完成结果 |
|---|---|---|---|
| 1 | 作业条件确认 | 状态确认 | □是 □否 |
| 2 | 门板检修 | 门板拆装 | □是 □否 |
| 3 | | 门板检修 | □是 □否 |
| 4 | | 门板调整 | □是 □否 |
| 5 | 门控器检修 | 门控器拆装 | □是 □否 |
| 6 | | 门控器检修 | □是 □否 |
| 7 | 尺带检修 | 尺带拆装 | □是 □否 |
| 8 | | 尺带调整 | □是 □否 |

续上表

| 序号 | 作业分类 | 作业内容 | 完成结果 |
|---|---|---|---|
| 9 | 客室侧门测试 | 集控开关门测试 | □是 □否 |
| 10 | | 1000次开关门测试 | □是 □否 |
| 11 | | 紧急解锁测试 | □是 □否 |
| 12 | | 隔离测试 | □是 □否 |
| 13 | | 三次防夹测试 | □是 □否 |

存在问题：

整改意见：

确认签字：　　　　年　月　日

（2）根据任务实施情况，小组人员进行自我评价，指导老师对作业人员表现进行综合评价。

①作业人员评价：_____

②互控人员评价：_____

③指导老师评价：_____

## 知识巩固

一、填空题

（1）客室侧门的控制电压为_____V。

（2）客室侧门的驱动电动机电压为_____V。

（3）客室侧门三次防夹测试块尺寸要求为_____mm。

（4）客室侧门的控制方式一般有电控气动和_____。

(5)客室侧门的净开宽度为_____ mm。

二、简答题

(1)简述客室侧门门驱机构的组成。

(2)简述客室侧门的工作原理。

(3)简述客室侧门的安装要求。

(4)简述客室侧门齿带的安装要求。

(5)简述客室侧门测试的内容及要求。

# 参 考 文 献

[1] 上海申通地铁集团有限公司轨道交通培训中心.城市轨道交通概论[M].北京:中国铁道出版社,2009.
[2] 周顺华.城市轨道交通设备系统[M].北京:人民交通出版社,2009.
[3] 王艳荣.城市轨道交通车辆电气检修[M].3版.上海:上海科学技术出版社,2020.
[4] 刘敏,刘燕.城市轨道交通车辆电气系统检修[M].2版.北京:人民交通出版社股份有限公司,2021.
[5] 李怀俊,曾颖委.城市轨道交通车辆电气结构与检修[M].北京:电子工业出版社,2014.